RECHERCHES

SUR LES

MOUVEMENTS DE LA SENSITIVE

(*Mimosa pudica*, Linn.)

PAR PAUL BERT

Docteur en médecine,
Professeur de Zoologie à la Faculté des Sciences de Bordeaux,
Membre correspondant de la Société Philomathique de Paris et de la Société de Biologie
Membre de la Société des Sciences physiques
et naturelles de Bordeaux, etc.

(Extrait des *Mémoires de la Société des Sciences physiques et naturelles de Bordeaux*,
3e cahier 1866.)

PARIS

J. B. BAILLIÈRE et FILS

LIBRAIRES DE L'ACADÉMIE IMPÉRIALE DE MÉDECINE

rue Hautefeuille, 19.

LONDRES	MADRID	NEW-YORK
Hipp. Baillière.	C. Bailly-Baillière.	Baillière Brothers.

LEIPZIG, E. Jung-Treuttel, 10, Querstrasse.

1867

RECHERCHES

SUR LES

MOUVEMENTS DE LA SENSITIVE

(*Mimosa pudica*, Linn.)

Les expériences dont les résultats sont exposés dans le présent Mémoire, ont été exécutées pendant l'automne dernier (1866) sur des Sensitives dont je dois la communication à l'obligeance du savant directeur du Jardin botanique de Bordeaux, M. Durieu de Maisonneuve; c'est un devoir et une grande satisfaction pour moi de lui exprimer ici, tout d'abord, ma vive gratitude.

Dans mes recherches, je me suis proposé, en premier lieu, d'examiner jusqu'à quel point peut être soutenue la comparaison si souvent établie, et si souvent à la légère, entre les phénomènes de sensibilité et de mouvement communs à tous les animaux, et ceux que présente la Sensitive; puis, si faire se pouvait, de déterminer les propriétés élémentaires auxquelles il convient de rapporter l'explication de faits qui intéressent au plus haut degré la physiologie générale. Si, dans la poursuite de ces délicats problèmes, poursuite que je me propose de continuer, je ne suis pas encore parvenu aux limites extrêmes que nous assignent actuellement nos moyens d'investigation, j'ai cependant constaté des faits qui m'ont paru mériter d'être, dès aujourd'hui, publiés; d'autant plus qu'à ces faits d'ordre explicatif j'ai pu en ajouter d'autres d'ordre purement descriptif, qui ne manquent point d'intérêt.

On voudra bien considérer, en lisant les pages qui suivent, que mon but, en les écrivant, n'a été nullement de faire une monographie des mouvements de la Sensitive. Je ne prétends pas non plus appliquer aux autres végétaux excitables (*Dionœa muscipula, Drosera, Oxalis sensitiva,* etc.) ce que je dis de la plante qui fait le sujet de mes expériences : une pareille généralisation serait tout à fait prématurée. Je me contente, pour le moment, d'exposer les faits que j'ai observés, et d'en tirer les conséquences prochaines.

Ceci posé, j'entre en matière.

I. *Anatomie.* — La configuration générale de la Sensitive (*Mimosa pudica,* Linn.) est connue de tout le monde. La structure histologique de ses différentes parties a été précisée par des travaux nombreux, au premier rang desquels il faut placer ceux de Meyen [1] et de Brücke [2]. Nous nous bornerons donc à rappeler très succinctement des faits anatomiques et descriptifs auxquels nos recherches personnelles ne nous ont rien permis d'ajouter d'important.

La Sensitive est une légumineuse à feuilles stipulées, alternes, composées-pinnées. Les pétioles de second ordre sont au nombre de deux dans les trois ou quatre premières feuilles; de quatre, opposés deux à deux, dans les feuilles postérieures. Les folioles sont opposées; il n'en existe point de terminale impaire.

A la base de chaque foliole et de chaque pétiole secondaire ou primaire, se trouve un renflement; ce renflement ne contient pas de moelle : l'étui fibro-vasculaire des pétioles y forme une colonne pleine. Autour de cet axe ligneux, le liber et l'écorce s'épaississent et constituent le renflement. L'épiderme qui les revêt ne contient pas de stomates. Le liber est formé de cellules laissant entre elles des méats remplis de gaz. Les cellules de l'écorce forment, au contraire, une masse continue; la plupart, mais non toutes, comme on le dit d'ordinaire, contiennent un gros globule qui les remplit presque complètement, et paraît de nature graisseuse. Je me suis assuré que ces globules manquent, ainsi que la couche aérifère, dans le renflement pétiolaire de l'acacia (*Robinia pseudoacacia*). Selon Brücke, la paroi des cellules est plus épaisse dans la partie supérieure que dans la partie inférieure du renflement. Les parties latérales sont semblables à la partie supérieure.

[1] *Pflanzenphysiologie.* Bd. III.

[2] *Ueber die Bewegungen der Mimosa pudica. Archiv. für Anatomie, Physiologie, und Wissenschaftliche Medicin.* 1848.

Dans la très jeune feuille, en préfoliation, et non encore excitable, on ne voit pas de renflement; mais le microscope montre déjà un épaississement du tissu cellulaire cortical. Il n'y a alors ni globules, ni couche aérifère. Dans une feuille dont le pétiole a 15^{mm}, et qui n'a pas encore ouvert ses folioles, je trouve les corps globuleux et la couche aérifère; le pétiole primaire est un peu sensible.

II. *Mouvements.* — Le *Mimosa pudica* présente, comme chacun sait, deux ordres de mouvements : 1° des mouvements *lents*, constituant ce qu'on appelle d'ordinaire l'*état de sommeil* et l'*état de veille* de la plante; 2° des mouvements *brusques*, consécutifs à une excitation plus ou moins vive : ceux-ci ont mérité à la Sensitive son nom et sa célébrité.

Ces deux ordres de mouvements ont pour résultat des apparences semblables : dans les deux cas, les pétioles primaires s'abaissent, les folioles se rapprochent par leur face supérieure. Il est tout naturel qu'on les ait comparés l'un à l'autre, et même par suite identifiés. On ne doit donc pas être surpris de voir que, à l'exception de Brücke, dont je ne connaissais point le travail au moment où j'ai fait mes recherches, tous les auteurs aient considéré les mouvements excités de la Sensitive comme un état de sommeil provoqué. C'était encore l'opinion soutenue par Fée ([1]) dans son important Mémoire, un peu postérieur à celui de Brücke. Nous verrons plus loin que ce sont deux ordres de phénomènes tout à fait différents quant à leur cause intime. Il n'en est pas moins vrai qu'ils se ressemblent si bien (au moins à une certaine période du mouvement nocturne), qu'une seule description peut servir pour tous deux.

Prenons comme exemple les mouvements lents de l'oscillation quotidienne.

III. — Si l'on examine vers le milieu d'une journée d'été une Sensitive placée à la lumière diffuse et à l'abri du vent, on voit qu'à chaque feuille les folioles des deux rangées sont étalées dans un même plan; que les pétioles secondaires sont écartés les uns des autres comme les branches d'un éventail, et que les pétioles de premier ordre sont redressés au-dessus de l'horizon. Que si l'on

_____

([1]) Mémoire physiologique et organographique sur la Sensitive et les plantes dites sommeillantes (*Mémoires de la Société d'Histoire naturelle de Strasbourg*, t. IV. Strasbourg, 1849). Fée a depuis ajouté quelques faits intéressants à ses anciennes découvertes *(Bulletin de la Société de Botanique de France*, 1858).

examine la même plante deux ou trois heures après le coucher du soleil, elle a complètement changé d'aspect : ses folioles sont rapprochées et se touchent par leur face supérieure; ses pétioles secondaires sont resserrés en un faisceau, tandis que ses pétioles primaires se sont inclinés vers la terre, et s'abaissent plus ou moins au-dessous de l'horizon.

Il est facile de voir que, pendant ces modifications, les pétioles primaires se sont mus dans un plan vertical suivant un mouvement simple; que les pétioles de second ordre, au contraire, et les folioles, ont exécuté un mouvement complexe.

En effet, les pétioles secondaires se sont tout à la fois rapprochés l'un de l'autre et redressés par rapport à la direction du pétiole primaire dans le prolongement duquel ils arrivent à se placer; ils deviennent ainsi les générateurs d'une portion de surface cônique.

Quant aux folioles, nous supposerons, pour décrire plus aisément leur mouvement, que leur plan est, au moment de l'expansion diurne, confondu avec le plan horizontal. Pendant la nuit, ce plan sera devenu vertical. Si l'angle de la nervure principale de la foliole avec le pétiole secondaire (je parle de l'angle ouvert en avant) était, avant comme après ce changement, un angle droit, le mouvement serait des plus simples; mais il n'en est pas ainsi. Cet angle est, en effet, toujours plus grand pendant l'état diurne que pendant l'état nocturne. Il en résulte que le plan de la foliole exécute un mouvement de rotation dont la nervure principale est l'axe, tandis que cette nervure se tord sur elle-même, tout en décrivant un triangle, ou peut-être même une portion de surface cônique.

Le centre de tous ces mouvements des folioles et des pétioles de premier ou de second ordre se trouve dans ces renflements dont nous avons signalé l'existence à la base des pétioles et des nervures principales. Le renflement tout entier prend part au mouvement; cela est manifeste, surtout pour les mouvements complexes des pétioles secondaires et des folioles.

Mais ces changements d'apparence, connus et décrits depuis longtemps, bien qu'avec moins de détails, par tous les auteurs, ne sont pas les seuls que présente une Sensitive pendant la période de vingt-quatre heures.

Entrant une nuit à deux heures du matin dans mon cabinet, où se trouvaient quatre vigoureuses Sensitives dont j'avais, au début de la nuit, constaté l'état nocturne habituel, je fus très surpris de voir leurs pétioles primaires extraordinairement dressés, les pétioles secondaires ne présentant rien de particulier. Une explication toute naturelle se présentait, et je l'acceptai un instant : c'est que les pétioles de premier ordre avaient repris bien avant le jour leur position diurne. Cependant, leur redressement exagéré m'ayant mis en défiance, je me convainquis, lorsqu'au matin les folioles s'étalèrent, qu'ils s'étaient notablement abaissés. J'ai, depuis, vérifié maintes fois ce fait, et je me suis même assuré que, souvent, surtout lorsque la Sensitive est un peu fatiguée, ce redressement des pétioles primaires pendant l'état nocturne a lieu d'emblée, sans être précédé de l'abaissement habituel.

Mais ne nous bornons pas à ces indications vagues; précisons, par des chiffres empruntés à quelques exemples, la valeur des changements de position que nous venons de décrire, comme constituant le passage de l'état diurne à l'état nocturne.

Commençons par les pétioles secondaires :

7 septembre. — 9^h du matin : temp., 24°; lumière diffuse.

Les pétioles secondaires, au nombre de quatre, sont ainsi espacés, qu'en comptant à partir du pétiole primaire on a les angles suivants : 100°, 55°, 60°, 55°, 90°. De plus, leur direction moyenne fait, avec celle du pétiole primaire, un angle d'inclinaison égal à 130°.

Le soir, vers 8 heures, ces pétioles sont redressés suivant la direction du pétiole primaire, et étroitement rapprochés l'un de l'autre.

Mais les pétioles de premier ordre sont beaucoup plus intéressants et m'ont beaucoup plus occupé. L'angle dont je vais donner les valeurs est l'angle inférieur fait par le pétiole avec la tige. Dans la suite de cette Note, je le désignerai quelquefois par l'expression : angle α.

6 septembre. — Temp., 22°.
8^h 30^m du matin. Lumière diffuse.

Feuille n° 1 ([1]) (n'a pas encore ouvert ses folioles) ...... Angle 155°
　　—　　2 .... — 115°
　　—　　3 .... — 145°

([1]) En partant du sommet de la tige.

7ʰ 55ᵐ du soir. Temp., 24°.

Feuille 1 (a ouvert ses folioles dans la journée)..... Angle 112°; diff. : 43°
—   2... 100°; diff. : 15°
—   3... 88°; diff. : 57°

Voici un autre exemple où les différences vont beaucoup plus loin :

11 sept. — Temp., 19°.
8ʰ 30ᵐ du matin. Lumière diffuse.

Feuille 1.................................... 130°
—   2.................................... 147°
—   3.................................... 130°

10ʰ 30ᵐ du soir. Obscurité complète.

Feuille 1.......................... .... 30°; diff. : 100°
—   2.................................... 90°; diff. : 57°
—   3.................................... 95°; diff. : 35°

J'ai dit plus haut que l'état d'abaissement des pétioles était suivi d'un état de relèvement au-dessus de leur position pendant la veille. Voici l'observation fortuite qui m'a mis sur la voie de ce fait curieux :

Nuit du 14 au 15 sept. — Temp., 22°.
2ʰ du matin.

1ʳᵉ Sensitive : Feuille 1.................................. 160°
—   —   2.................................. 165°
2ᵉ Sensitive : Feuille 2.................................. 145°
—   —   4.................................. 125°

les pétioles secondaires et les folioles étant dans l'état de sommeil complet.

Le 15 sept., à 9ʰ du matin. — Lumière diffuse; temp., 21°.

1ʳᵉ Sensitive : Feuille 1....................... 135°; diff. : 25°
—   —   2....................... 145°; diff. : 20°
2ᵉ Sensitive : Feuille 2....................... 110°; diff. : 35°
—   —   4....................... 125°; diff. : 0°

Depuis, j'ai beaucoup multiplié ces observations, et je puis donner comme exemples les faits suivants :

22-23 Septembre : Température oscillant entre 16° et 17°.

	6ʰ du soir. Folioles ouvertes.	8ʰ Folioles fermées.	9ʰ 30' Pétioles secondaires rapprochés.	Minuit.	5ʰ du m.	8ʰ du m. Folioles ouvertes.	1ʰ après midi.
Feuille 1	135	125	110	150	153	135	125
— 2	100	90	90	130	136	117	115
— 4	115	90	75	95	155	134	118

Fig. I.

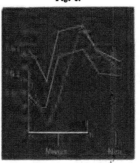

2-3 Octobre : Température oscillant entre 19° et 18°.

	6ʰ 30ᵐ du s. Fol. fermées. Pét. secondaires redressés, non rapprochés	8ʰ 10ᵐ Pét. secondaires rapprochés.	10ʰ	4ʰ du matin. Pét. secondaires commençant à s'écarter, et les fol. à s'ouvrir.	8ʰ 45ᵐ du mat. Folioles bien ouvertes. Pét. secondaires très écartés.	1ʰ 30ᵐ après midi.
1ʳᵉ SENSITIVE.						
Feuille 1	95	80	75	130	120	120
— 2	85	65	60	150	110	120
— 3	75	75	50	160	115	125
— 4	105	90	80	160	135	145
2ᵉ SENSITIVE.						
Feuille 1	110 ·	45	60	140	145	
- 2	95	65	45	140	105	
— 3	70	50	30	140	120	
— 4	85	80	70	140	120	

Les feuilles 1 des deux dernières Sensitives commencent à ouvrir leurs folioles.

Pour rendre plus manifestes ces oscillations, je les ai représentées par des tracés graphiques dans lesquels les temps sont mesurés sur l'axe des abcisses, et les grandeurs d'angles sur celui des ordonnées. Une ligne noire horizontale indique la période nocturne; la fig. I représente l'observation du 22-23 septembre; les fig. II et III, celles du 2-3 octobre (fig. II, 1ʳᵉ Sensitive; fig. III, 2ᵉ Sensitive). On voit que la période d'exhaussement commence généralement vers 10 heures du soir, et a son maximum, le matin, vers 4 ou 5 heures. L'abaissement du pétiole commence avec le jour.

Fig. II.   Fig. III.

Dans l'exemple qui va suivre, et qui a été étudié pendant beaucoup plus longtemps, l'exhaussement nocturne n'est presque jamais précédé d'un abaissement.

18 Septembre : Temp. 18° à 17°   19 Septembre : Temp. 17° à 16°

	5ʰ 45ᵐ du soir. — Folioles ouvertes.	7ʰ — Folioles fermées, pétioles secondaires écartés.	8ʰ 15ᵐ — Pétioles écartés.	10ʰ — Pétioles secondʳᵉˢ accolés.	1ʰ30ᵐ du m. —	5ʰ 15ᵐ — Folioles encore fermées	9ʰ 45ᵐ — Folioles ouvertes	3ʰ 45ᵐ du s. —	5ʰ 15ᵐ —	7ʰ — Foliol. fermées	10ᵐ —	10ʰ —
Feuille 1.	140	150	140	140	155	160	145	130			140	150
— 2.	125	125	120	115	125	165	145	105	id.		120	120
— 3.	105	»	115	110	120	160	120	90			105	105

20 Septembre : Température 17° à 16°.   22 Septembre : Temp. id.

	4ʰ du m.	7ʰ 15ᵐ	12ʰ 45ᵐ	7ʰ du s.	6ʰ du s.	8ʰ	9ʰ 30ᵐ	Minuit.
	Folioles fermées.			Folioles fermées.	Folioles fermées.			
Feuille 1.......	165	150	125	135	125	135	140	170
— 2...,....	155	150	105	110	100	100	90	100
— 3.......	145	140	95	95	95	90	75	75

23 Septembre : Temp. id.   24 Septembre : T. id.

	5ʰ du m.	8ʰ	Midi.	4ʰ	6ʰ	8ʰ 45ᵐ	1ʰ du m.	7ʰ	11ʰ
	Folioles demi-ouvertes								
Feuille 1........	150	130	125	125	id.	125	125	155	145
— 2........	150	115	110	110	id.	120	110	145	125
— 3........	145	110	90						

25 Septembre : Temp. id.   26 Septembre : Temp. 19° à 17°.

	6ʰ 15ᵐ du soir.	10ʰ	5ʰ 30ᵐ du mat.	8ʰ	19ᵈ	3ʰ	5ʰ 45ᵐ	8ʰ 30ᵐ	10ʰ
Feuille 1........	120	130	155	130	120	100	id.	135	id.
— 2........	100	100	150	185	105	90	id.	100	id.

27 Septembre : Temp. 17°.

	1ʰ 30ᵐ du matin.	8ʰ
Feuille 1..	145	130
— 2......	90	125

La fig. IV représente les oscillations des feuilles 1 et 2; l'échelle

Fig. IV.

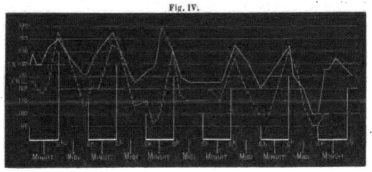

des angles est la même que pour les fig. I, II, III; celle des
temps est moitié moindre.

Autre exemple :

	18 Septembre.				*19 Septembre.*					
	6ʰ du soir	8ʰ	10ʰ	1ʰ 20ᵐ du m.	5ʰ 20ᵐ	9ʰ 45ᵐ	3ʰ 45ᵐ	5ʰ 15ᵐ	7ʰ 15ᵐ	9ʰ
Feuille 1..........	130	145	130	145	155	155	105	id.	135	135
— 2..........	127	145	125	85	180	155	110	id.	115	125
— 4..........	112	135	140	130	130	150	115	id.	115	125

20 Septembre.

	4ʰ du matin.	7ʰ 15ᵐ	Midi 45ᵐ	7ʰ
Feuille 1........	150	145	100	100
— 2........	160	145	115	110
— 4........	145	145	125	120

En laissant de côté les apparentes irrégularités dont la raison
est difficile à saisir, on voit que, d'une manière générale, les
pétioles primaires, très abaissés à l'entrée de la nuit, se relèvent
plus ou moins pendant la nuit, pour s'incliner ensuite de plus en
plus à partir du matin jusqu'à la nuit suivante, le minimum et
le maximum de l'angle α étant fournis généralement par l'état
nocturne. Celui-ci reste donc exclusivement caractérisé par la
fermeture des folioles et le rapprochement des pétioles secondaires.

On ne saurait invoquer, pour expliquer ces phénomènes, ni
l'action de la lumière, ni celle de la température. C'est là un fait
dont l'importance dépasse l'histoire particulière de la Sensitive, et
qui devra être pris en considération toutes les fois qu'on tentera
d'expliquer le sommeil des plantes.

A ce propos, je dirai que j'ai vu le réveil d'une jeune Sensitive,
ou du moins le redressement rapide de ses pétioles principaux,
s'opérer sous l'influence d'une simple bougie. Le tronçon d'un
pétiole, auquel j'avais enlevé dès le matin ses pétioles secondaires
et ses folioles, se releva comme les autres. L'influence de la lumière
se fait donc directement sentir sur le renflement pétiolaire. Il est

très probable, comme le croyait Dutrochet, qu'il en est de même pour les renflements foliolaires.

IV. — Occupons-nous maintenant des mouvements consécutifs à une excitation.

Ils sont, avons-nous dit, semblables à ceux qui caractérisent le début de l'état nocturne : abaissement du pétiole primaire, rapprochement des pétioles secondaires, imbrication des folioles.

Les folioles, une fois mises en mouvement, accomplissent tout entière leur évolution; si les deux qui sont en face l'une de l'autre sont excitées, elles s'appliquent par leurs faces supérieures. Si l'une d'elles reste en place ou a été antérieurement enlevée, sa vis-à-vis ne dépasse pas la situation qu'elle aurait prise si elles eussent marché à la rencontre l'une de l'autre (Brücke).

Pour les pétioles secondaires et primaires, il en va différemment. L'amplitude de leurs mouvements varie un peu avec le degré de l'excitation, beaucoup avec les conditions de température extérieure, etc... Voici quelques chiffres propres à fixer les idées :

Pétioles secondaires : 7 sept. ; temp., $24°$. Si nous appelons b, c, d, e, les 4 pétioles; $\beta, \gamma, \delta, \epsilon$, les angles qu'ils faisaient avant l'irritation avec le prolongement du pétiole primaire; $\beta', \gamma', \delta', \epsilon'$, les angles qu'ils font ensuite, nous trouvons : $\beta = 80°$, $\beta' = 60°$, $(\beta - \beta' = 20°)$; $\gamma = 30°$, $\gamma' = 18°$, $(\gamma - \gamma' = 12°)$; $\delta = 30°$, $\delta' = 18°$, $(\delta - \delta' = 12°)$; $\epsilon = 90°$, $\epsilon' = 50°$, $(\epsilon - \epsilon' = 40°)$.

Pétioles primaires : 6 sept. ; $8^h 30^m$ matin ; lumière diff. ; temp., $22°$:

Feuille 2, avant l'irritation... $115°$, après... $60°$; diff. : $55°$		
— 3.................. $145°$.......... $80°$; diff. : $65°$		

$9^h 50^m$ matin; plein soleil; temp., $47°$:

Feuille 2, avant l'irritation... $110°$, après... $47°$; diff. : $63°$		
— 3.................. $155°$.......... $85°$; diff. : $70°$		

Cette amplitude de $70°$ est la plus considérable que j'aie rencontrée, à l'état diurne, dans plus de cent expériences mesurées, sauf dans un cas où la plante était exposée au soleil, à une température de $51°$.

Lorsque la plante est dans l'état de sommeil, que ses pétioles primaires soient très redressés ou très abaissés, ils s'infléchissent toujours par l'excitation.

Exemples :

6 sept., 8ʰ du soir : avant l'excitation, α = 88°; après, 38°; diff. : 50°. — 15 sept., 2ʰ du matin : avant, α = 160°; après, 77°; diff. : 83°.

C'est même pendant l'état nocturne que le pétiole est le plus facilement irritable.

L'amplitude de ses mouvements est aussi plus grande généralement la nuit que le jour.

Exemple :

8 sept., 5ʰ 8ᵐ du soir :

Angle avant l'excitation... 115° ⎱ Diff. : 35°
— après............. 80° ⎰

— 10ʰ 15ᵐ du soir :

Angle avant............. 118° ⎱ Diff. : 63°
— après............. 55° ⎰

Le mouvement le plus étendu que j'aie constaté m'a été fourni le 15 septembre, à deux heures du matin, température 22°.

Angle avant............. 165° ⎱ Diff. : 90°
— après............. 75° ⎰

Enfin, il faut remarquer que c'est dans l'état d'abaissement nocturne que le pétiole irrité s'infléchit le plus bas, de façon à former avec l'axe l'angle le moins ouvert. Voici même un exemple extrême :

11 sept., 11ʰ 45ᵐ du soir; temp., 19°; angle α = 30°. Après l'irritation, le pétiole tombe perpendiculairement, et même croise un peu la tige de l'autre côté. Le lendemain, à 8ʰ du matin; temp., 21°, l'angle α est remonté à 130°; après l'irritation, il devient seulement 70°.

Il aurait été intéressant d'étudier la forme du mouvement exécuté par la feuille de Sensitive, soit dans sa position normale, où la pesanteur intervient, soit en la soustrayant à cette action par la position horizontale. Mais je n'ai pas à ma disposition les appareils enregistreurs qui seraient indispensables pour l'étude de ce mouvement rapide. J'ai pu tenter quelques mesures pour le relèvement de la feuille, qui a lieu beaucoup plus lentement.

D'ordinaire, cet affaissement dure peu de temps après l'excitation. Graduellement a lieu le retour à la position diurne, avec une rapidité qui dépend de l'état de santé de la plante, de la température, etc.

Exemple :

6 sept.; temp., 31°, à 1ʰ 7ᵐ :

Angle avant l'excitation.... .... 118°
— après........................... 62°

A 1ʰ 15ᵐ, l'angle est 85°; à 1ʰ 20ᵐ, 99°; à 1ʰ 25ᵐ, 111°; à 1ʰ 30ᵐ, 118°; à 1ʰ 36ᵐ, 128°; à 1ʰ 42ᵐ, *id.*

On voit que le mouvement d'élévation est plus rapide au début.

Lorsque l'excitation est très vive, le relèvement des folioles, qui d'ordinaire dure peu, persiste beaucoup plus longtemps. Ainsi, ayant enlevé de deux en deux les paires de folioles de toute une feuille, j'ai vu les folioles conservées se maintenir relevées pendant la journée tout entière, et ne s'abaisser que le lendemain matin.

La Sensitive, comme tous les végétaux, et à un plus haut degré que la plupart d'entre eux, est impressionnée par la direction des rayons lumineux qui la frappent; ses folioles tendent à mettre leur face supérieure dans un plan perpendiculaire à cette direction, si étrange que soit la position que l'on donne à la plante.

Il peut en résulter des distorsions singulières des pétioles. Si on place une feuille dont le pétiole primaire soit horizontal, à l'opposite du soleil, par rapport à la tige, les pétioles secondaires s'écartent en éventail, le plus possible; si, ensuite, on retourne la plante, de manière que la feuille soit du côté du soleil, les pétioles secondaires se rapprochent. Je les ai vus ainsi, en vingt minutes, se mouvoir de telle sorte, que l'angle des deux extrêmes, qui était dans la première position de 130°, est devenu de 70° dans la seconde.

On peut se demander si la direction des rayons solaires a de l'influence sur l'amplitude des mouvements provoqués. Il faut, je crois, répondre oui; par exemple, les feuilles situées du côté du soleil s'affaissent moins que celles qui sont du côté opposé.

Exemple :

Sensitive disposée de telle sorte que le plan de mouvement des feuilles 2 et 3, lesquelles sont sensiblement opposées, soit perpendiculaire à la direction des rayons solaires. A 9ʰ 5ᵐ :

Feuille 2, angle avant l'irritation......... 110°
— — après.................. 47°; diff. : 63°
— 3, — avant.................. 155°
— — après.................. 70°; diff. : 70°

Repos à la lumière diffuse. A 10ʰ 10ᵐ, remise au soleil, de façon que les rayons soient dans le plan de mouvement des feuilles, du côté de la feuille 3.
A 10ʰ 45ᵐ :

Feuille 2, angle avant l'irritation......... 135°
— — après.................. 52°; diff. : 83°
— 3, — avant.................. 155°
— — après.................. 98°; diff. : 57°

Repos à la lumière diffuse. A 11ʰ 5ᵐ, la plante est remise au soleil de façon que les rayons soient dans le plan de mouvement des feuilles, du côté de la feuille 2.
A 11ʰ 40ᵐ :

Feuille 2, angle avant l'irritation......... 134°
— — après.................. 63°; diff. : 71°
— 2, — avant........ .... 135°
— — après.................. 70°; diff. : 65°

Ainsi, les feuilles s'inclinaient moins lorsqu'elles étaient placées du côté du soleil (57°, 71°), que lorsqu'elles étaient situées du côté opposé (65°, 83°).

Les pétioles et les folioles ne sont pas les seules parties susceptibles de mouvement. Les feuilles primitives ou cotylédons peuvent aussi se mouvoir sous l'influence des excitants. On les voit alors se rapprocher par leurs faces supérieures, mais non jusqu'au contact. Ce fait avait été déjà signalé par de Candolle (¹).

Quant aux feuilles proprement dites, elles ne sont pas capables de répondre aux excitations dans leur très jeune âge; elles ne deviennent sensibles qu'après le redressement de leurs pétioles secondaires, primitivement rabattus sur le pétiole primaire. Il n'est pas nécessaire, pour la motilité de celui-ci, que les folioles soient déjà entr'ouvertes. Quant à celles-ci, elles sont sensibles du moment où elles se sont déployées. Au reste, les jeunes feuilles sont, pendant

(¹) *Physiologie végétale*, 1832, p. 865.

longtemps, beaucoup moins sensibles que les feuilles adultes, et l'amplitude de leurs mouvements pétiolaires est moindre.

Les seules parties douées de motricité dans la Sensitive sont les renflements basilaires des pétioles et des folioles.

Dans le pétiole primaire, en repos diurne, la section verticale principale ([1]) de ce renflement présente une notable convexité par en bas; sa partie supérieure est délimitée par une ligne à peine convexe, presque droite. Après l'excitation, celle-ci devient très convexe, l'autre notablement concave. En outre, la courbe supérieure s'allonge, l'inférieure se raccourcit : c'est ce qu'avait déjà dit Brücke. Pendant l'état d'exhaussement nocturne, la courbe supérieure arrive à être concave; mais son arc appartient à un cercle de rayon beaucoup plus grand que l'arc de la courbe inférieure.

Il est d'observation vulgaire que l'excitation d'un point de la Sensitive n'a pas seulement pour conséquence un mouvement local, mais s'étend plus ou moins dans différentes parties de la plante. De plus, on sait qu'il n'est pas nécessaire pour obtenir un mouvement d'irriter directement la partie susceptible de mouvement, le renflement. Il y a donc, dans la Sensitive, en outre de la motricité, deux propriétés à étudier : l'excitabilité, la transmissibilité.

V. *Excitabilité.* — La partie la plus excitable de la plante est certainement la partie inférieure du renflement dans les pétioles primaires, et la partie supérieure dans les renflements des folioles. (Dutrochet, Burnett et Mayo) ([2]).

Dans le reste de la feuille, l'excitabilité existe aussi; il suffit de trancher en son milieu un pétiole primaire pour en voir aussitôt le tronçon s'abaisser, d'entamer un foliole pour en voir aussitôt se relever le limbe. Mais il est facile de s'assurer, dans ce dernier cas, que l'effet est beaucoup plus rapidement produit par une section perpendiculaire à la nervure principale que par une section longitudinale; parfois même, chez des plantes fatiguées, celle-ci ne donne aucun résultat. En poursuivant la raison de ce fait, j'ai cru voir que le parenchyme de la foliole est tout à fait inexcitable,

([1]) C'est à dire passant par l'axe de la tige et par celui du pétiole.

([2]) *Quaterly journal of Litterature, Sciences and Arts.* New séries, n° 3, 1827.

et qu'on n'obtient rien en piquant avec une aiguille fine dans l'intervalle des nervures; mais si celles-ci sont intéressées, le mouvement aussitôt a lieu. De même, on peut enlever délicatement un lambeau d'écorce des pétioles sans que le renflement en soit averti; mais si l'on entame les faisceaux, il s'incline aussitôt. Ainsi, le tissu cellulaire des renflements et le tissu fibro-vasculaire des pétioles et des nervures seraient les deux seuls tissus excitables.

Les parties excitables peuvent être isolées sans perdre leur propriété. J'ai pu, par exemple, à l'imitation (alors involontaire) de Fée, conserver des folioles sensibles pendant plus de huit jours, après la section du pétiole principal, en son milieu. Le tronçon de celui-ci restait excitable et exécutait les mouvements quotidiens pendant deux jours environ.

VI. *Transmissibilité.* — Les expériences de Dutrochet ([1]) ont prouvé que cette propriété appartient exclusivement aux faisceaux ligneux : ceux-ci enlevés, toute transmission est arrêtée; conservés, au contraire, après l'ablation de la moelle et de l'écorce, ils laissent passer l'impression.

La transmission se fait dans les deux sens; la section d'un pétiole primaire a pour double résultat l'abaissement du moignon et la fermeture des folioles. De même, la section d'une tige fait abaisser tout à la fois le pétiole supérieur et le pétiole inférieur à la blessure.

Dutrochet a mesuré la rapidité de la transmission. Il a vu qu'elle est plus grande dans les pétioles (8 à 15^{mm} par seconde) que dans la tige (2 à 3^{mm} par seconde). Elle serait, selon lui, indépendante de la température ambiante, ce qui m'étonne beaucoup.

Dans un cas que nous rapportons à titre d'exemple, une foliole terminale étant entamée avec des ciseaux, la foliole correspondante se ferme en même temps qu'elle. Après 2^s environ, la paire suivante se relève d'une saccade brusque; après 10^s, de même la 3e paire; à 15^s la 4e; à 25^s la dernière paire (il y en avait vingt) de ce pétiole secondaire. A 35^s, les deux folioles basilaires du pétiole secondaire voisin (il n'y en a que deux à cette feuille) se relèvent; puis succes-

---

([1]) *Recherches anatomiques et physiologiques sur la structure intime des animaux et des végétaux et sur leur motilité*. Paris, 1824. — *Mémoires pour servir à l'histoire anatomique et physiologique des animaux et des végétaux,* Paris, 1837, t. I.

6 sept.; tempér. 31°.

2^h 36^m : angle avant l'irritation, 120°; après, 50°.

De 2^h 36^m à 2^h 45^m, la feuille est irritée de 5^s en 5^s; de 2^h 45^m à 2^h 50^m, de 10^s en 10^s; de 2^h 50^m à 3^h, de 30^s en 30^s. Malgré ces excitations répétées, le pétiole se relève aussi vite que si on l'eût laissé en repos : 2^h 41^m, 70°; 2^h 46, 80°; 2^h 52^m, 102°; 3^h, 120°. Il n'a mis à remonter que 24^m, ce qui est à peu près le temps ordinaire.

Lorsque les impressions ne sont pas aussi rapidement répétées; lorsqu'on attend pour exciter de nouveau une feuille qu'elle ait repris sa position première, on la trouve indéfiniment sensible. De plus, il se présente ce fait intéressant, que, le plus souvent, elle remonte à la suite de l'excitation au dessus de son premier point d'équilibre.

Exemple :

6 sept.; temp., 31°.

A 1^h 7^m : angle avant l'excitation, 118°; après, 62°.

A 1^h 30^m : l'angle est 118°; à 1^h 36^m, il est 128° (29^m d'ascension) et s'y fixe. A 1^h 43^m, nouvelle excitation : l'angle devient 84°; à 2^h 10^m, il est redevenu 128° (27^m). A 2^h 30^m, troisième excitation : l'angle devient 86°; à 2^h 54^m, il est redevenu 128° (24^m). A 2^h 54^m, quatrième excitation : l'angle devient 85°; à 3^h 20^m, il est 128° (26^m).

Autre exemple :

7 sept. :

Feuille n° 1, avant l'excitation..	145°	à 3^h 10^m, est devenu..	150°
— après.............	80°		
3, avant.............	125°	....	135°
— après.............	70°		
4, avant.............	133°		
— après.............	68°	....	145°

J'arrive à des faits plus importants en eux-mêmes et par les conséquences qu'on a voulu tirer de leur observation incomplète. Nous nous occuperons plus tard de celles-ci : parlons d'abord des faits.

Lorsqu'on soumet une Sensitive à l'action des vapeurs de chloroforme ou d'éther, on constate qu'elle devient insensible aux irritations : la motilité a disparu, si bien que la plante reste ce qu'elle était au moment de l'application du poison. Si celle-ci a eu lieu tandis que la Sensitive était au repos, elle demeure avec ses folioles étalées, ses pétioles dressés; si, au contraire, on venait de

l'exciter, ses folioles restent imbriquées, ses pétioles abattus.
(Le Clerc, de Tours) (¹).

Tel est le mode d'action de ces substances mises en contact avec
la plante tout entière. Mais il est tout autre si on les fait agir sur
une partie seulement de la plante. Cette partie seule est immobi-
lisée. Je m'en suis assuré par l'expérience suivante :

Une feuille, en place, est introduite (folioles et moitié du pétiole
primaire) dans le col d'une petite cornue tubulée; ce col est soi-
gneusement luté. Quand les folioles se sont rouvertes, je fais
tomber par la tubulure un petit morceau de coton imbibé d'éther,
et je referme rapidement. Rien ne se produit tout d'abord; les
folioles restent étalées; le reste de la plante conserve complètement
et son apparence et son excitabilité. Mais, après dix ou quinze
minutes, les folioles incluses dans la cornue commencent à se
crisper : l'action de l'éther les a tuées; vers le même temps, on
voit, sur le reste de la Sensitive, qui était demeuré parfaitement
excitable, les folioles se fermer, les pétioles s'abattre, et cela par
chutes soudaines; les folioles se ferment par paires de bas en
haut, presque toujours avant l'abaissement de leur pétiole.

Ainsi, l'éther n'a d'action immobilisante que sur la feuille avec
laquelle il est mis en contact. Mais, par l'irritation violente qu'il
détermine en la tuant, il excite des mouvements généraux dans la
plante tout entière. Or, il en est de cette excitation comme de
celle que produit un agent chimique énergique (une goutte d'acide
sulfurique, par exemple); elle a presque toujours pour conséquence
la suppression de la sensibilité pendant un temps plus ou moins
considérable, et souvent même la mort de la Sensitive en expérience.

Réciproquement, en plaçant un rameau de Sensitive dans la
tubulure d'une petite cornue, les feuilles restant au dehors, puis,
lutant l'ouverture et introduisant par le col de la cornue un
morceau d'ouate imbibé d'éther, j'ai vu que la sensibilité des
pétioles et des folioles était parfaitement conservée; mais celles-ci
se ferment par irritation de l'éther sur le rameau.

Le chloroforme agit identiquement de même. Le Clerc (de

(¹) *Sur les mouvements de la Sensitive.* (*Comptes-rendus*, Académie des
Sciences, t. XXXVII, XXXVIII, XL.)

Tours), dans son étude sur l'action des anesthésiques, avait déjà vu une partie des faits que je viens de signaler.

IX. — Dans l'état diurne normal, le pétiole principal s'élève d'un certain angle au dessus de l'horizon. Après l'irritation, il s'abaisse généralement au dessous de la ligne horizontale. Il était intéressant de connaître la valeur de la force déployée par le renflement pour élever ainsi, au bout d'un long bras de levier, le poids des folioles.

Voici les résultats d'expériences tentées dans ce but :

8 sept. Angle $\alpha = 115°$. Pour ramener le pétiole à l'horizontale, il faut ajouter à son extrémité la plus éloignée une petite nacelle pesant 0^g650, et, dans la nacelle, un poids de 0^g20. Or, si nous assimilons le pétiole à un levier du 2e genre, et si nous supposons que le point d'application de la force que nous cherchons à évaluer est au milieu du renflement basilaire, nous trouvons que le bras de levier de cette force a pour longueur 3^{mm}; la longueur totale du pétiole est de 50^{mm}. En outre, les folioles et les pétioles secondaires pèsent 0^g3, et leur centre de gravité est situé à 15^{mm} dans le prolongement du pétiole primaire. Il résulte de ceci que la force du renflement fait équilibre, avec un bras de levier de 3^{mm}, à un poids de 0^g85 au bout d'un levier de 50^{mm}, plus un poids de 0^g3 au bout d'un levier de 65^{mm}. Un calcul simple montre que cette force est équivalente à $20^{gr}65$.

X. — Étudions maintenant d'un peu plus près le mode d'action de ces renflements tout à la fois excitables et moteurs.

Des expériences qui remontent à Lindsay (1790), et qu'avait imaginées, de son côté, Dutrochet (1824), lequel ne pouvait connaître le travail alors inédit du botaniste anglais ([1]), ont montré que si l'on enlève jusqu'au bois la partie supérieure du renflement pétiolaire principal, celui-ci se relève au dessus de sa position primitive. Si, de même, on enlève la partie inférieure, le pétiole s'abaisse plus bas qu'à la suite d'une excitation, et ne se relève plus. On peut enfin obtenir une torsion latérale en enlevant un lambeau d'un côté du renflement Des résultats analogues sont la suite d'opérations pratiquées sur les renflements des pétioles secondaires ou sur ceux des folioles.

([1]) Les résultats n'en furent publiés qu'en 1827 par Burnett et Mayo.

Il est bon d'indiquer que ces phénomènes ne sont en rien modifiés par l'intervention préalable des anesthésiques qui ont immobilisé la plante.

Ainsi, toujours le pétiole se dirige du côté où a été faite l'amputation. On peut se représenter l'axe fibro-vasculaire comme enveloppé d'un ensemble de ressorts qui agissent simultanément, chacun d'eux le poussant du côté opposé à sa propre situation : l'inférieur poussant en haut, etc. La position d'équilibre du pétiole dépend de l'énergie de tous ces petits ressorts bandés qui se combattent deux à deux; si, maintenant, nous enlevons l'un de ces ressorts, l'antagoniste pousse victorieusement le pétiole dans le sens où rien ne lui résiste plus.

Si l'on pratique dans le renflement une section parallèle à l'axe, mais incomplète, on voit que le lambeau demeuré adhérent s'allonge et dépasse la surface de section sur laquelle il ne peut plus être exactement appliqué. C'est là une autre preuve de l'existence de ces ressorts, ou, pour mieux dire, de ce tissu qui tend à occuper le plus de place possible, et presse par suite sur l'axe ligneux.

Pendant la position de repos diurne, le ressort inférieur fait équilibre à la fois au poids des folioles et à la force du ressort supérieur; en outre, il presse sur celui-ci par un excédant de puissance qui se traduit par l'élévation du pétiole au-dessus de l'horizon, et dont les poids indiqués plus haut peuvent donner une idée.

Il était intéressant de comparer la puissance d'action réciproque des deux moitiés supérieure et inférieure du renflement pétiolaire. Pour y parvenir, j'ai mesuré le poids nécessaire pour ramener à l'horizontale le pétiole intact; puis j'ai enlevé le ressort supérieur : le pétiole s'étant alors relevé plus haut qu'auparavant, j'ai cherché combien il fallait de poids pour le ramener de nouveau à l'horizontale. Ce dernier poids peut donner la valeur de la puissance du ressort inférieur, et la différence entre les deux poids, la valeur de la puissance du ressort supérieur.

Reportons-nous à l'exemple cité à la page précédente.

L'angle était 115°. Pour ramener le pétiole à l'horizontale, il a fallu ajouter un poids tel, que le ressort inférieur faisait alors équilibre à une force de 20^{gr}65, et, en outre, à la tension du ressort supérieur. Les poids ôtés, la plante reposée, l'angle revenu à sa valeur primitive, j'enlève le ressort supérieur : le pétiole s'élève jusqu'à 135°. L'équilibre établi (à 2 heures après midi), je vois que, pour ramener l'angle à 90°, il faut ajouter dans ma nacelle non plus seulement 0^{g}20, mais 0^{g}80. Eu égard aux bras de levier, les 0^{g}60 de supplément représentent pour le ressort supérieur une valeur de 10^g. Quant au ressort inférieur, il équivaut à 20^{g}65 + 10^g = 30^{g}65. Le lendemain, à 9 heures du matin, l'énergie du ressort inférieur paraît augmentée, peut-être parce que la partie épargnée par la section dans le ressort supérieur a été détruite par dessiccation. Pour réduire l'angle à 90°, il faut ajouter un poids qui représente, pour le ressort supérieur absent, une valeur de 13^{g}30; celle du ressort inférieur devient ainsi 33^{g}95.

En résumé, la puissance des deux parties du renflement est environ dans le rapport de 1 à 3, durant l'état diurne.

Autre exemple :

14 sept. Intact, le pétiole portait à l'horizontale 1^{g}8, qui représentait une force de 32^{g}5. Après l'ablation du renflement supérieur, il faut, pour le ramener au même point, 2^{g}55, représentant une force de 45^{g}9. Ainsi, le ressort inférieur vaut 45^{g}9; le supérieur,

45^{g}9 — 32^{g}4 = 13^{g}5 : le rapport $\dfrac{459}{135} = 3,4$.

XI. — Ces faits établis, on voit que le mouvement dans le renflement pétiolaire peut être rapporté hypothétiquement à trois causes : 1° Diminution d'énergie du ressort inférieur, ayant pour effet une plus grande liberté d'action du ressort supérieur; 2° augmentation d'énergie de celui-ci; 3° existence, dans la partie inférieure du renflement, d'une substance contractile, analogue à la substance musculaire, susceptible, en se raccourcissant, de tirer par en bas le pétiole.

Étudions ces trois hypothèses, en rapport avec les mouvements soudains, provoqués par une excitation.

Disons d'abord que, contrairement à l'assertion de Dutrochet ([1]), un pétiole privé de la partie supérieure de son renflement ne continue pas moins à se mouvoir sous l'influence des excitations; mais l'amplitude du mouvement est alors considérablement diminuée.

([1]) *Recherches......*, p. 57.

Exemple :

9 sept. ; temp., 23°. A 3ʰ du soir, l'angle α = 130°; après l'irritation, il devient 75°; diff. : 55°. J'enlève la moitié supérieure du renflement. A 8ʰ 15ᵐ, l'angle est 127°; après l'irritation, il devient 85°;
diff. : 42°.

Mais cette diminution s'explique aisément par l'absence du
ressort supérieur, qui n'ajoute plus son action à celle du poids des
folioles pour forcer le ressort inférieur à céder davantage.

Cette expérience nous montre que la modification apportée par
l'excitation de la partie inférieure du renflement suffit pour
obtenir un mouvement.

Mais nous pouvons prouver, en outre, que l'énergie du ressort
supérieur n'est pas changée par l'excitation. Pour cela, enlevons le
ressort inférieur : le pétiole tombera, et prendra une certaine
position d'équilibre. Celle-ci bien établie, après un repos d'une
journée, nous ne pourrons par aucun moyen obtenir de modifications dans la valeur de l'angle α, qui devrait évidemment diminuer
si le ressort supérieur augmentait de puissance lorsqu'il est irrité.

Il est donc démontré que le ressort supérieur n'est pour rien
dans la détermination du mouvement. Nous restons conséquem-
ment en présence des deux dernières hypothèses : le mouvement
est-il dû à un affaissement du ressort inférieur qui se laisse vaincre
par la pesanteur, ou à une contractilité propre à ce ressort?

Tout d'abord, il est facile de voir qu'on ne saurait considérer la
moitié inférieure du renflement comme une sorte de muscle
capable de rapprocher par sa contraction ses deux points d'attache.
En effet, des sections perpendiculaires à l'axe du renflement, sections
allant jusqu'au bois, n'empêchent nullement les mouvements provoqués. Il est même remarquable, pour le dire en passant, qu'elles
n'empêchent pas davantage les mouvements nocturnes.

Exemple :

2ʰ du matin, α = 160°; 8ʰ, 130°; 10ʰ du soir, 90°; 1ʰ 30 du
matin, 110°; 5ʰ 45, 155°; 2ʰ 15 du soir, 130°.

Mais attaquons plus directement la question. Si l'inflexion du
pétiole a lieu par suite du poids des folioles qu'il ne peut plus
supporter, le changement d'angle consécutif à l'excitation devra
diminuer lorsqu'on enlève ces folioles; il devra, au contraire,

augmenter, si elle est due à une contraction s'opérant dans la moitié inférieure du renflement. Or, il diminue manifestement. Nous pouvons aller plus loin encore; et puisque l'action de la pesanteur complique notre étude, nous pouvons la supprimer. Sur un pétiole dont la moitié supérieure du renflement a été enlevée, coupons d'abord les pétioles secondaires et leurs lourdes folioles. La motilité du renflement persiste; mais l'angle qu'il décrit diminue. Couchons alors la plante, en telle sorte que le plan de mouvement du pétiole en expérience soit horizontal. Lorsque la Sensitive est reposée, mesurons avec soin l'angle α; puis irritons la partie inférieure, la seule conservée, du renflement : la valeur d'α ne change en rien.

Il n'existe donc pas, dans cette partie inférieure, de tissu contractile, car il eût agi pour diminuer l'angle α, entraînant facilement le faible poids du tronçon de pétiole. Et, cependant, le renflement inférieur est entré en action, puisque si nous relevons avec grande précaution la plante, nous voyons le pétiole s'incliner peu à peu, en signe de diminution de résistance du renflement inférieur.

J'ai à peine besoin de dire que ce sont là des expériences très délicates, et dans lesquelles les plus minutieuses précautions sont nécessaires.

Ainsi, le ressort inférieur a cette propriété de perdre par l'excitation directe ou propagée une partie de son énergie.

Le ressort supérieur, dont la texture histologique est la même que celle du ressort inférieur, jouirait-il, mais à moindre degré, bien entendu, de la même propriété? J'étais fort désireux de le démontrer, mais je n'ai pu le faire d'une manière nette. Les expériences que j'ai tentées pour y parvenir étaient identiques à celle qui vient d'être décrite; seulement, la plante avait dû être renversée, le pot en l'air. J'ai obtenu ainsi de très faibles changements d'angle, d'environ 5°, qui semblent indiquer une petite diminution dans l'énergie du ressort supérieur, à la suite de l'excitation. Mais je ne fais nulle difficulté d'avouer que ces expériences ne permettent pas une conclusion définitive. Ce qui reste seulement bien démontré, c'est que le ressort supérieur n'augmente pas de puissance par l'excitation, et que le changement d'angle tient exclusivement à la modification du ressort inférieur.

XII. — Étudions maintenant la manière dont les choses se passent pendant la modification lente désignée sous le nom d'*état nocturne* ou de *sommeil*.

Enlevons la partie supérieure d'un renflement pétiolaire. Nous verrons alors, comme l'ont vu d'autres auteurs, que le pétiole s'abaisse lors de l'établissement de l'état nocturne; mais ce qu'ils n'ont pas vu, c'est que, plus tard, il se relève plus haut que pendant le jour. Si même la plante en expérience était de celles qui, par suite de fatigue, n'abaissent pas leurs pétioles à l'entrée de la nuit, l'exhaussement a lieu d'emblée dans le pétiole blessé comme dans les autres.

Exemple :

22 sept. ; partie supérieure du renflement enlevée. A 6^h du soir, l'angle est $105°$; à 8^h, $138°$; à 9^h 30, $148°$; à minuit, $150°$; à 5^h du matin (folioles ouvertes), $145°$; à 8^h, $140°$; à midi, $95°$; à 4^h du soir, $125°$. Aux mêmes heures, la feuille n° 1 donnait les chiffres suivants : $125°$, $135°$, $140°$, $170°$, $153°$, $130°$, $123°$, $125°$.

Ainsi, le ressort inférieur peut diminuer, puis augmenter de force pendant l'état nocturne. Mais, pour le ressort supérieur, je l'ai toujours vu, dans cette circonstance, acquérir plus d'énergie. Cela peut être mis en évidence par des expériences analogues à celles que nous venons de rapporter. Enlevons la moitié inférieure du renflement : le pétiole tombe à un certain degré; or, à l'entrée de la nuit, nous le voyons s'incliner davantage encore.

Exemples :

8 sept. ; 11^h 30 du matin. Angle avant irritation, 130; après, $90·$ J'enlève la moitié inférieure du renflement : l'angle tombe à $30°$; à 11^h 15^m du soir, il est $20°$; à 10^h, $8°$.

18 sept. Moitié inférieure du renflement enlevée depuis quatre jours. Pétioles secondaires enlevés. A 6^h du soir, angle $40°$; 8^h, $31°$; 10^h, $30°$; 1^h 20^m du matin, $22°$; 5^h, $18°$; 9^h 45^m, $18°$; 3^h 45^m du soir, $50°$; 9^h, $40°$; 4^h du matin, $20°$; 7^h 15^m, $20°$; midi 45^m, $48°$; 7^h du soir, $50°$. Aux mêmes heures, une feuille intacte de la même plante donne les angles $127°$, $147°$, $125°$, $85°$, $180°$, $154°$, $110°$, $127°$, $160°$, $143°$, $115°$, $110°$.

Ce dernier exemple est très intéressant, en ce qu'il nous montre le rôle de l'axe ligneux, qui fait effort pour ramener une position

moyenne; c'est à lui seul, en effet, qu'on peut attribuer le relèvement diurne de notre pétiole lorsque se relâche le ressort supérieur.

Fig. V.

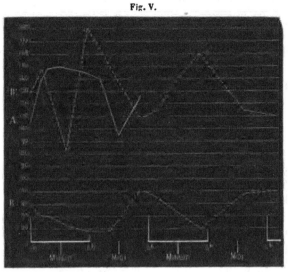

La fig. V traduit en graphique les chiffres que nous venons
d'indiquer. Le tracé A représente le mouvement d'un pétiole dont
le ressort supérieur venait d'être enlevé (Exp. du 22 sept.). Le
tracé B, celui d'un pétiole dont le ressort inférieur a été enlevé, et
le tracé B', celui d'une feuille intacte de la même plante (Exp. du
18 sept.).·

XIII. — Ainsi, tandis que les mouvements consécutifs à 'une
excitation ont pour raison unique une diminution brusque d'énergie
dans la moitié inférieure du renflement, les mouvements nocturnes
sont toujours déterminés par une augmentation lente de la force
de la moitié supérieure, accompagnée d'une diminution d'abord,
puis d'une augmentation de puissance de la moitié inférieure.

Voici donc une différence originelle établie entre ces deux ordres
de mouvements, que leur ressemblance dans l'apparence extérieure
avait fait identifier par tous les auteurs. Brücke, le premier et le
seul, dans un travail dont je n'ai eu connaissance qu'après avoir
obtenu la plupart des résultats ci-dessus énoncés, a tenté de mon-
trer que ces deux états ne sont point identiques. Son procédé de
démonstration n'était pas des plus simples.

En premier lieu, il établissait qu'un pétiole est susceptible, par le retournement de la plante, racine en haut, de décrire, sous l'influence du poids des folioles, un plus grand angle après qu'avant l'irritation, ce qui prouve que son articulation a, par suite de cette irritation, perdu de sa raideur. Cherchant ensuite si, après l'établissement de l'état nocturne (où il ne voyait qu'un abaissement du pétiole), l'articulation de celui-ci présenterait la même laxité, il a trouvé qu'il n'en était rien, et que, dans l'état nocturne, le renflement n'est jamais moins, mais souvent plus tendu que pendant le jour. Son état est donc justement opposé de celui qu'il présente après l'irritation. Mais si je suis d'accord avec le physiologiste allemand sur ces faits, je diffère beaucoup de lui, comme on le verra plus loin, sur l'explication qu'il convient d'en donner.

Malgré les expériences de Brücke, malgré celles qui viennent d'être rapportées, des doutes pouvaient encore s'élever, ou du moins la question n'avait pas reçu une de ces solutions qui s'imposent clairement à l'esprit. Je me suis demandé s'il ne serait pas possible de séparer l'une de l'autre ces deux propriétés de la Sensitive, et d'en supprimer une par quelque procédé expérimental, en laissant l'autre complètement intacte. Après avoir essayé sans succès bien manifeste la chaleur, le froid, la fatigue, etc., j'eus recours à divers poisons, et l'éther me donna, plus complet que je ne l'eusse espéré, le résultat désiré. J'ai vu, en effet, des plantes insensibilisées par son influence exécuter tous les mouvements concomitants à l'état diurne et nocturne, sans nulle modification.

Exemple :

4 octobre. Journée chaude, Sensitive très excitable.

A 4 heures 45 minutes du soir (temp. 21°), je la place sous une cloche, à côté d'un petit vase où se trouve du coton imbibé d'éther. Les angles sont :

Feuille 1, 115°; 2, 103°; 3, 110°; 4, 110°.

A 8 heures, nul mouvement provocable dans les pétioles, même en coupant le pétiole 4.

A 10 heures, angles : F. 1, 120°; 2, 90°; 3, 55°; 4 (tronçon), 80°; 5, 65°.

A 4 heures du matin, folioles largement ouvertes; insensibilité partout (je lève la cloche pour mieux m'en assurer). Angles : F. 1

et 2 : gênées par la cloche dans leur érection; F. 3 et 4 : à la verticale; F. 5, 140°.

A 8 heures du matin, folioles largement ouvertes ; toujours insensibilité, aux folioles comme aux pétioles. Angles : F. 2, 150°; 3, 120°; 4, 135°; 5, 140°. J'enlève la cloche.

A 10 heures 45 minutes, la sensibilité est parfaitement revenue aux pétioles et aux folioles. La fig. VI représente les oscillations de la feuille n° 3.

Fig. VI.

Ainsi, l'éther a supprimé les mouvements provocables, mais n'a en rien influé sur les mouvements quotidiens.

Ces expériences ne permettent aucune espèce de doute sur la légitimité de la distinction que nous avons établie entre les mouvements de l'état nocturne et ceux qui sont consécutifs à une excitation.

XIV. — Essayons maintenant de remonter aux phénomènes plus intimes dont ceux que nous venons de décrire sont la manifestation.

Dutrochet avait vu que des fragments d'un renflement pétiolaire, placés dans l'eau, se courbent en cercle sur leur côté intérieur. Brücke a repris et précisé ce fait. Répondant à une demande de J. Müller, il a montré que la torsion en dedans de la moitié d'un renflement, torsion qui s'exagère par l'immersion dans l'eau, a pour raison l'allongement des couches extérieures, et non le raccourcissement de la partie axile, qui ne paraît pas changer de longueur.

Je me suis fréquemment assuré de l'exactitude de ces observations. J'ai constaté que si l'on enlève des couches superficielles, elles se recourbent en dedans à l'air, mais en dehors dans l'eau; les couches profondes se recourbent en dehors à l'air, en dedans à l'eau, et cela quel que soit le côté du renflement auquel on a enlevé ces fragments, qu'il soit en état de repos ou en état d'abaissement après irritation. Une moitié tout entière de renflement se contourne comme les couches profondes. Au reste, le renflement moteur d'un acacia ordinaire *(Robinia pseudo-acacia)* se comporte de même. Bien plus, les mêmes effets se constatent sur les pétioles d'une plante morte.

Ces mouvements, dus aux phénomènes osmotiques des cellules du renflement, sont tout à fait comparables à ceux que présentent les différentes parties mobiles de la Sensitive lorsque survient l'état nocturne. On peut, sur la plante vivante ou même sur la plante morte, obtenir sur place des mouvements du même ordre par l'intervention de liquides endosmotiques ou exosmotiques.

Enlevons toute la moitié supérieure d'un renflement pétiolaire; l'équilibre rétabli, plaçons sur la plaie une gouttelette d'eau : aussitôt un mouvement énergique d'ascension se manifeste, et la gouttelette d'eau est entièrement absorbée par le tissu cellulaire de la partie inférieure du renflement. Si, au lieu d'eau pure, nous eussions placé de la glycérine, l'effet aurait été inverse, et le pétiole se serait abaissé. On peut même forcer un pétiole relevé par l'eau à revenir à son point primitif, en employant la glycérine. Il va sans dire que des faits analogues sont présentés par toutes les parties du renflement.

Les exemples suivants fixeront les idées à ce sujet :

9 sept. Ressort supérieur enlevé : équilibre établi à 110°. A 10ʰ 35ᵐ, je place une goutte d'eau sur la surface de section : le pétiole s'élève, et à 11ʰ 15ᵐ l'angle est 165°.

La puissance ascensionnelle acquise par le renflement inférieur par l'addition d'eau a pu être aisément mesurée :

10 sept. Ressort supérieur enlevé de l'avant-veille; pétiole un peu malade, insensible; angle 117. J'ajoute à l'extrémité du pétiole des poids susceptibles de le ramener à l'horizontale; ces poids sont 0ᵍ90, au bout d'un bras de levier de 37ᵐᵐ. De plus, les folioles et

pétioles secondaires pèsent 0^g47, qui agissent au bout d'un bras de levier de 62^{mm}. Cela représente, pour le ressort inférieur, qui n'a qu'un bras de levier de $2^{mm}5$, une force de 24^g70. J'ajoute alors une goutte d'eau à l'aisselle de la feuille; le pétiole monte et atteint la verticale. Pour le ramener à l'horizontale, il faut ajouter aux poids précédemment employés 0^g21, qui représentent une augmentation de force de 3^g11, c'est-à-dire un huitième de la force primitive.

Un pétiole fait, après l'ablation de la partie supérieure du renflement, l'angle 100°. J'ajoute une goutte de glycérine sur la surface de section (10^h du matin). En 10^m, l'angle tombe à 50°. Le soir, à 6^h, il est à 180°. A 10^h du soir, 110°; à 5^h 1/2 du matin, 150°.

Un pétiole presque insensible fait, après l'ablation de la partie supérieure du renflement, l'angle 85°. J'ajoute une goutte d'eau (10^h du matin), le pétiole s'élève et se fixe à 120°. J'essuie l'eau, et mets une goutte de glycérine : l'angle tombe à 60°. Le soir, à 6^h, il est remonté à 180°, et la feuille fait effort pour aller au-delà (elle déploie une force de 48^g). A 10^h, l'angle n'est plus que de 90°; mais à 5^h 30^m du matin il est remonté à 155°.

La surélévation du pétiole, consécutive à la présence d'une goutte d'eau, n'empêche pas l'excitabilité du renflement. Il m'est maintes fois arrivé de voir un pétiole en voie d'élévation endosmotique, très rapide, tout à coup s'affaisser sous l'excitation de son propre mouvement, pour reprendre ensuite sa marche ascentionnelle.

Ainsi, pour moi, comme pour Brücke, les changements de formes caractéristiques du sommeil, qui sont de leur nature progressifs et lents, doivent être rapportés à l'augmentation de tension de toute la substance du renflement.

Dans les pétioles primaires, cette augmentation, au début de l'état nocturne, se fait surtout sentir dans la partie supérieure du renflement, et a pour conséquence l'abaissement du pétiole; les positions différentes de celui-ci sont en rapport avec la prédomi-nance plus ou moins marquée de telle ou telle partie du renflement. Dans les folioles, c'est toujours la partie inférieure du renflement qui l'emporte.

Maintenant, si l'on me demande d'où vient l'eau qui gonfle ainsi pendant la nuit les ressorts des renflements, j'avouerai très volontiers que je n'en sais rien. Cette imbibition est-elle en rap-port avec la moindre évaporation constatée dans les feuilles à l'abri de la lumière? Je n'oserais l'affirmer. Il y a là toute une série d'expériences que je compte entreprendre dans la campagne prochaine. J'indiquerai seulement ce fait intéressant, que pour des feuilles coupées avec leur rameau dont l'extrémité ·plonge dans l'eau, la fermeture nocturne des folioles a lieu près d'une heure avant celle des feuilles en place.

XV. — Arrivons aux mouvements provoqués. Bien différents de ceux dont nous venons de nous occuper, ils sont brusques, rapides. Cela seul aurait dû suffire à faire rejeter l'explication que nous avons acceptée pour les phénomènes du sommeil. Ce ne peut être la perte d'eau qui laisse s'affaisser le ressort inférieur, car une semblable perte doit évidemment demander un temps notable pour s'exécuter. « La rapide expansion du tissu cellulaire, dit très juste-» ment J. Müller, n'est ni prouvée ni même probable; les cellules ne »·peuvent point attirer avec assez de promptitude, à travers leurs » parois, les liquides nécessaires à leur expansion. » Le relèvement du pétiole, il est vrai, s'effectue assez lentement pour ne pas prêter à cette objection; mais celle-ci nous paraît victorieuse pour ce qui a rapport à la chute des pétioles ou au relèvement des folioles.

D'ailleurs, nous savons que l'éther peut isoler les mouvements nocturnes d'avec les mouvements provoqués; abolissant ceux-ci, laissant ceux-là intacts. Il y a là quelque chose de comparable à l'action du curare, qui dissocie la contractilité musculaire d'avec l'excitatricité nerveuse. Cette différence dans l'influence d'un poison dénote une différence fondamentale dans les propriétés qui donnent naissance aux deux ordres de phénomènes. De même, l'influence des anesthésiques, qui empêchent le relèvement des pétioles abaissés, comme leur abaissement lorsqu'ils sont relevés, indique l'identité de nature dans la raison première de ces deux mouvements inverses : il s'agit là d'une seule et même propriété de la variation d'énergie du ressort inférieur qui est paralysée par l'éther.

Nous n'admettrons donc pas, comme l'a fait Brücke, que la raison intime des mouvements provocables ou quotidiens est la même : la modification osmotique des différentes parties du ren-flement. Nous les séparerons, au contraire, en nous bornant à déclarer que le ressort inférieur perd de sa force par l'excitation, sans savoir en quoi consiste cette déperdition d'énergie, en affirmant seulement qu'elle n'a pas sa source dans des modifications hygrométriques. Quel rôle y joue la couche à méats inter-cellulaires remplis d'air? Quel rôle les gros globules inclus dans chaque cellule? Nous ne saurions actuellement le dire.

Il m'a été impossible, malgré mes efforts, de suivre au microscope les changements d'apparence du tissu cellulaire du renflement pendant le mouvement. Dans une tranche assez mince pour permettre une observation histologique, je ne suis jamais parvenu à exciter un mouvement. D'autres observateurs, et entr'autres Cohn, ont été plus habiles, je le sais. Je ne désespère donc point de voir par mes propres yeux. Mais je ferai remarquer que les plissements qu'ils ont signalés pendant le mouvement ne prouvent pas, comme on l'a cru, une contraction du tissu : tout raccourcissement, actif ou passif, pourra produire un semblable effet.

XVI. — Le point qui m'intéressait le plus dans l'étude des mouvements provoqués de la Sensitive était la comparaison tant de fois établie entre les phénomènes présentés par cette plante, et ceux que nous montrent les animaux. La Sensitive possède, en certaines de ses parties, l'*excitabilité;* d'autres parties *transmettent* l'excitation à des organes *moteurs,* lesquels sont eux-mêmes directement *irritables;* enfin, ces organes semblent être le siége d'*actes réflexes* qui ont pour résultat des mouvements en un point éloigné de celui qui a été impressionné ([1]).

Les prétendues actions réflexes sur lesquelles divers auteurs ont beaucoup insisté pour rapprocher la Sensitive des êtres animés, ne méritent nullement ce nom. Tout d'abord, elles sont exactement proportionnelles à l'intensité de l'excitation, et s'étendent plus ou moins loin, selon que celle-ci est plus ou moins énergique. En second lieu, elles sont dans un rapport de continuité avec la partie impressionnée : l'excitation d'une foliole, par exemple, est l'occasion de mouvements dans les autres folioles, à partir de celle que l'on a excitée. De plus, jamais elles ne concourent, comme les actes réflexes des animaux, en divers lieux de l'être, à une action d'ensemble; enfin, elles n'ont rien de véritablement réflexe, c'est à dire que jamais l'impression sensible n'est transmise à un centre d'où elle *se réfléchit* sur un organe moteur. Ce sont là des faits de

([1]) Voyez, à ce sujet, parmi les travaux récents, les *Recherches physiologiques et anatomiques sur le mouvement des végétaux,* de Le Clerc. Tours, 1861.

propagation dans l'excitation, propagation suivant une direction unique ou suivant une direction multiple, bifurquée, pour ainsi dire, selon la partie impressionnée et l'énergie de l'excitation.

La propriété de l'organe moteur, dirons-nous en continuant le parallèle, est fort différente de la contractilité musculaire, puisqu'elle se manifeste, non par un raccourcissement actif, mais par une diminution d'énergie dans un ressort bandé. Il nous reste donc l'impressionnabilité et la transmissibilité. La première de ces propriétés paraît n'appartenir qu'aux éléments cellulaires doués de motricité et aux éléments vasculaires doués de transmissibilité. Ceci constitue un rapprochement remarquable au point de vue des propriétés élémentaires entre la plante et l'animal, car, chez celui-ci, on n'obtient de mouvement qu'en excitant directement le muscle ou en irritant soit un nerf, soit une terminaison nerveuse. Mais, pour établir les éléments d'une comparaison au point de vue fonctionnel, comme on l'a si souvent tenté, il faudrait supposer un nerf recueillant les excitations, et les portant directement à un muscle sans passer par un centre nerveux; puis communiquant son ébranlement à d'autres nerfs semblables, et simplement juxtaposés, qui iraient commander des mouvements plus éloignés. C'est là un mode de relations élémentaires inconnu dans le Règne animal.

L'action des anesthésiques, à laquelle quelques physiologistes ont attaché beaucoup d'importance au point de vue qui nous occupe, éloigne la Sensitive des animaux au lieu de la rapprocher d'eux. Comment, en effet, agit l'éther sur les animaux? En modifiant, à la suite de l'absorption, les centres nerveux, dont il supprime l'impressionnabilité sensitive, ou en modifiant, par contact direct, les extrémités périphériques des nerfs sensibles, auxquels il enlève leur impressionnabilité. Mais la contractilité musculaire reste parfaitement intacte, et aussi la conductibilité nerveuse; la conséquence de ces influences est le sommeil, l'état de repos complet de l'animal. Au contraire, l'éther, mis en rapport avec une Sensitive entière, la frappe d'immobilité dans la situation où il l'a trouvée. Si elle est en repos, il détruit momentanément et l'excitabilité et la motricité de ses renflements; il attaque de même la propriété de transmission des faisceaux fibro-vasculaires, qu'on peut impunément couper, dans les pétioles secondaires d'une feuille

par des motifs exactement inverses, a rendus et rendra la gre-
nouille à la physiologie des animaux.

Après ces explications d'ordre général, j'arrive à l'étude des
faits sur lesquels je désire actuellement fixer l'attention de la
Société.

1° COMPARAISON ENTRE LA TEMPÉRATURE DE LA TIGE ET CELLE DU RENFLEMENT MOTEUR.

On sait qu'à la base du pétiole de chaque feuille de Sensitive
se trouve un renflement, dont j'ai, dans mon premier mémoire,
rappelé sommairement la structure. Ce renflement est le centre
des mouvements qu'exécute la feuille, des mouvements spontanés comme de ceux que l'on peut provoquer, et c'est en lui,
d'autre part, que se trouve le tissu qui détermine ces mouvements.

En cherchant à constater toutes les propriétés physiologiques
que possède ce lieu dont les fonctions sont si importantes, j'ai
eu l'idée de mesurer sa température, ou du moins de la
comparer à celle d'autres points de la même plante. Je me
proposais particulièrement de rechercher si, pendant le mouvement provoqué, il ne se développerait pas de chaleur en ce point,
comme il s'en produit dans un muscle pendant la contraction.

Il est évident que, pour de semblables recherches, il ne
fallait point songer à se servir de véritables thermomètres. Les
instruments thermo-électriques pouvaient seuls être employés.
M. Rhumkorff voulut bien me faire construire, pour cette
délicate étude, deux aiguilles thermo-électriques, à soudure
terminale, dont la sensibilité était vraiment extraordinaire.

L'extrémité d'une de ces aiguilles fut appliquée sur un point
de la tige; l'autre sur le renflement moteur de la feuille la plus
voisine, à quelques millimètres de distance de la première
aiguille. La communication étant établie entre deux pôles des
deux aiguilles, je mis les deux autres en rapport avec un galvanomètre à gros fil dont l'aiguille était à zéro. Aussitôt, cette
aiguille se mit en mouvement, lentement et progressivement,
et prit, en quelques minutes, une nouvelle position d'équilibre
qu'elle garda longtemps.

Mais avant d'aller plus loin, je dois indiquer certaines précautions indispensables.

Fig. VII.

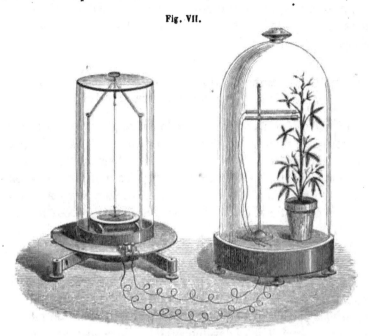

Mesure thermo-électrique de la température du renflement moteur.

La tige et le renflement moteur sont hérissés d'un assez grand nombre de poils raides qui s'opposeraient à l'établissement d'un contact bien exact. Il faut les couper à leur base à l'aide d'un scalpel très fin et très tranchant; puis, comme chaque section amène à la surface une goutte de liquide, et que, d'autre part, cette petite opération pourrait troubler momentanément les conditions normales du renflement, il est bon d'attendre quelques jours avant de procéder à l'application des aiguilles.

Il est facile d'établir sans encombre le contact avec la tige; mais pour le renflement moteur, la manœuvre est plus délicate. Si, comme il convient au reste de le faire, on opère sur une plante très sensible, il arrivera fréquemment que l'établissement du contact détermine une excitation, et que la feuille s'abat. Il faut alors ajourner au moins à une heure de distance toute

tentative nouvelle. Enfin je dirai tout à l'heure quelles difficultés insurmontables on éprouve si l'on veut obtenir un
contact prolongé.

Je ne parle que pour mémoire des précautions d'ordre
physique; il faut, bien entendu, que la plante ne reçoive pas
et même n'ait pas reçu de la journée les rayons directs du
soleil; que la chambre où l'on fait l'expérience soit bien close;
que l'opérateur s'approche le moins possible de la plante. Il est
préférable de ne toucher les instruments qu'avec des gants de
laine, et, le contact établi, de recouvrir la plante d'une cloche
qui la mette à l'abri des courants d'air. Je dois avouer, cependant, qu'en présence des grandes déviations galvanométriques
obtenues, je me suis parfois abstenu de prendre ces dernières
précautions. Mais je devrai toujours m'y soumettre lorsque je
chercherai, non plus seulement à constater, mais à mesurer
les différences de température.

Revenons maintenant à notre expérience; l'aiguille du galvanomètre a dévié et se maintient immobile à une notable
distance angulaire du zéro. Or, constamment, cette déviation
indique que le renflement moteur est à une température
moindre que celle de la tige, même dans le point le plus voisin.

Il était nécessaire, pour se mettre à l'abri de toute objection,
de revêtir la soudure des aiguilles thermo-électriques d'une
substance isolante qui arrêtât au passage les courants hydro-
électriques, s'il en existait. Je l'ai fait : une mince feuille de
papier de soie appliquée à l'extrémité de mes aiguilles n'a pas
empêché la déviation galvanométrique; seulement elle a été
beaucoup moindre, vu l'interposition d'un corps aussi mauvais
conducteur de la chaleur.

Faisons maintenant, à titre d'exemples, le récit de quelques
expériences.

I. 25 juillet 1869 ; 1ʰ 30ᵐ après midi. — La température de
la chambre est de 25°3'. Les aiguilles sont appliquées, l'une (A)
sur le renflement moteur de la feuille n° 4 (en partant du
sommet de la plante), l'autre (B) sur l'entre-nœuds n° 4, à
3 ou 4ᵐᵐ au-dessous de la feuille n° 4. L'aiguille du galvanomètre se met en mouvement, et s'arrête à 12°, indiquant du
froid dans le renflement. Je retire l'aiguille thermo-électrique A

qui touche le renflement; l'aiguille du galvanomètre revient du
côté du zéro, le dépasse, et s'arrête de l'autre côté à 2°; la surface de la tige est donc en ce point un peu plus froide que l'air.

Réciproquement, en retirant et laissant dans l'air l'aiguille B,
et replaçant au contact du renflement l'aiguille A, la déviation
reprend son sens primitif, mais va jusqu'à 14°.

Ainsi, dans cette expérience, en appelant zéro la température
de l'air, celle de l'entre-nœuds était — 2°, celle du renflement
moteur — 14°, ces chiffres représentant les angles décrits par
l'aiguille du galvanomètre.

II. 26 juillet; 5^h 30^m du soir. — Différence entre le renflement n° 3 et l'entre-nœuds n° 3 : 20° du galvanomètre, indiquant
supériorité dans la température de l'entre-nœud.

III. 26 juillet; 6^h du soir. — Renflement n° 4 et entre-nœuds
n° 4 : déviation froid pour le renflement, 22°.

Il serait oiseux d'énumérer un plus grand nombre de faits
particuliers. Je dirai seulement que 22° a été la déviation
maximum que j'aie rencontrée. Les chiffres moyens étaient de
9° à 12°; vers le 31 juillet, la plante étant devenue un peu
malade, la déviation n'était plus que de 7° à 8°.

Quand on coiffait d'un papier de soie l'extrémité d'une des
aiguilles thermo-électriques, les déviations diminuaient de
4° à 5°.

J'ajouterai que cette déviation a même été observée pour
des feuilles devenues insensibles aux excitations, mais bien
portantes encore. Dans un cas, par exemple, où la feuille
résistait à la section ou même à la cautérisation des folioles,
la déviation était de 13° du galvanomètre.

J'ai à plusieurs reprises constaté que la tige avait, à peu de
chose près, la température de l'air, et que, d'autre part, les
différents points de la tige étaient, à un degré près du galvanomètre, à la même température.

Il m'a été impossible d'examiner la température des folioles;
on ne peut maintenir le contact pendant un temps assez long.
Il est très probable qu'elle eût été moindre que celle de la tige,
à cause de l'évaporation considérable qui s'opère à leur surface.

Cette réflexion donnait à penser : peut-être, en effet, la basse température du renflement tiendraît-elle à la descente de liquides séveux refroidis dans les folioles, liquides qui imprégneraient la masse cellulaire du renflement. Si vague et si facile à réfuter que fût cette explication, il valait mieux expérimenter que raisonner. Or, l'expérience, bien simple, consistait à chercher si la différence de température existerait encore après qu'on aurait enlevé à une feuille toutes ses folioles.

Je sectionnai donc, sur une feuille vigoureuse, le pétiole primaire à l'origine des pétioles secondaires. Dans ces conditions, le tronçon pétiolaire vit encore deux ou trois jours, et j'ai vu qu'il s'abaisse sous l'influence des excitations pendant environ vingt-quatre heures après la section. Or, sur un pareil tronçon, nécessairement malade, j'ai encore trouvé, au bout de quelques heures, des déviations de 5° à 6°. Il est évident que cette différence ne pouvait plus être attribuée au passage ou même à l'emmagasinement de quelque liquide froid.

Remarquons encore que le renflement moteur est dépourvu de stomates; le froid qu'il présente ne pourrait donc pas s'expliquer par une évaporation plus grande due à ces petits oscules, si tant est qu'ils servent véritablement à l'évaporation.

Je dois dire enfin que j'ai constaté les mêmes phénomènes, et avec un degré sensiblement égal d'intensité, en comparant la température du renflement avec un point voisin, soit de l'entre-nœuds situé au-dessous, soit de l'entre-nœuds supérieur.

Des observations très nombreuses m'ont démontré que les différences de température dont je parle ne sont pas les mêmes à toutes les heures du jour et de la nuit. Mais l'étude de ces variations présente de grandes difficultés. Si, en effet, on prend les mesures en appliquant à plusieurs reprises les aiguilles thermo-électriques, on ne peut être certain que les contacts soient identiques, et il peut, et il doit en résulter des différences qui ne tiennent pas au phénomène que l'on étudie. Or, ce procédé défectueux est le seul que l'on puisse suivre, et ici se place une observation assez curieuse.

On peut, sans inconvénient, établir entre une des soudures et la tige elle-même un contact permanent; mais si l'on essaie de le faire pour le renflement moteur, on s'aperçoit, au bout de

moins d'une heure, que le pétiole a fui devant l'aiguille et que
le contact n'existe plus. On rapproche alors l'aiguille, mais le
pétiole s'enfuit encore en se tordant. On peut aisément, ainsi,
faire passer la feuille de l'autre côté de la tige et même com-
mencer autour de celle-ci une sorte d'enroulement. Que si l'on
insiste davantage, la feuille devient malade, insensible, et finit
par mourir. On ne peut donc, sur la Sensitive, obtenir de
contacts permanents.

Les faits que je viens de rapporter prouvent donc qu'il se
passe dans le renflement moteur de la Sensitive des phénomènes dont le résultat est une *consommation de chaleur,*
consommation qui doit être assez notable, si l'on considère
que le très petit volume de cette région l'expose à un rapide
rétablissement d'équilibre avec l'air dont la température est
toujours notablement supérieure à la sienne.

Malheureusement, ici se trouve dans mes observations une
lacune grave, mais que je comblerai certainement l'année
prochaine. Lorsque, après avoir terminé les expériences dont
je viens de rendre compte, je voulus, avant d'aller plus loin,
graduer mon galvanomètre, et traduire en valeur thermométrique la valeur de ses déviations, un accident arriva à l'une
de mes aiguilles, et il me fut impossible de procéder à cette
graduation délicate. Je fis réparer l'instrument, mais mes
plantes étaient devenues malades, la saison s'avançait, et bref,
je dus me borner pour cette année à la constatation du fait,
sans pouvoir en donner la mesure.

Cette consommation de chaleur, en une région dont l'importance physiologique est si grande, est certainement en rapport
avec les phénomènes nutritifs qui paraissent s'y passer avec
une grande énergie, et dont le résultat est la tension plus ou
moins considérable du tissu cellulaire, tension de laquelle
dépend l'inclinaison de la feuille par rapport à l'horizon. Ces
phénomènes chimiques sont donc de l'ordre de ceux qui
consomment de la chaleur; il serait tout à fait prématuré de
chercher quelle peut être leur nature (dédoublement, hydrata-
tion, etc.); mais il me paraît important d'avoir constaté leur
existence, car c'est la première fois, si je ne me trompe, qu'elle
est signalée chez un être vivant.

Il est infiniment probable, pour ne pas dire plus, que ces phénomènes ne sont pas spéciaux à la Sensitive, et qu'on les retrouve chez les autres végétaux. Je me dispose, l'année prochaine, à les rechercher d'abord dans le gros renflement situé à la base du pétiole primaire dans les haricots. J'espère ainsi pouvoir suivre les variations de la température aux diverses heures du jour et de la nuit, ce qui serait très important pour la théorie générale des mouvements présentés par les plantes sommeillantes.

Influence du mouvement provoqué sur la température du renflement moteur. — Nous pouvons maintenant nous demander ce qu'il advient de cette basse température du renflement moteur lorsque celui-ci entre en activité, c'est à dire lorsque la feuille s'abaisse à la suite d'une excitation.

Les aiguilles thermo-électriques étant disposées comme il a déjà été dit, on excite le mouvement de la feuille en coupant rapidement avec des ciseaux l'extrémité d'un pétiole secondaire; l'abaissement de la feuille s'opère alors au bout de quelques secondes. En prenant, au moment de l'établissement du contact, des précautions suffisantes, il persiste malgré le mouvement de la feuille, et alors, quelques secondes après, on voit l'aiguille du galvanomètre rétrograder lentement, et s'arrêter après s'être rapprochée du zéro, sans cependant jamais l'atteindre. Voici les résultats de quelques expériences.

I. 25 juillet; $2^h 30^m$ du soir. — Déviation de l'aiguille avant l'expérience 11° (froid pour le renflement); on excite la feuille, qui s'abaisse. Après quelques secondes, l'aiguille revient sur elle-même et s'arrête à 8°; elle y est encore à $3^h 15^m$.

II. 25 juillet; 11^h du soir. — La feuille est très relevée au-dessus de l'horizon. Déviation, froid pour le renflement, 13°. Excitation et chute de la feuille; l'aiguille revient à 9°.

III. 26 juillet; 3^h du soir. — Avant l'excitation, 11°; après, 8°.

IV. 27 juillet; 11^h du matin. — Avant, 22°; après, 18° 1/2. — $4^h 40^m$ du soir : avant, 17°; après, 14°. — Le 28, 7^h du matin : avant, 13°; après, 11° 1/2. — Midi 30^m : avant, 15° 1/2; après, 12°. — Le 29, $1^h 30^m$ du soir : avant, 17°; après, 15° 5. — Le 30, midi 45^m : avant, 11°; après, 8° 1/2.

On voit que la rétrogradation de l'aiguille galvanométrique a varié de 1° 1/2 à 4°. Le retour à l'équilibre primitif met parfois plusieurs heures à s'opérer; quelquefois même, en vertu des modifications propres qui se passent dans le renflement, l'aiguille ne revient jamais à son point de départ. Cette déviation consécutive à l'abaissement de la feuille s'est même manifestée, bien que très affaiblie, lorsque la soudure était enveloppée de papier de soie. Voici une expérience : 13 août, 4ʰ du soir : déviation avant l'excitation, 6°; après, 5°.

Il s'agit donc bien là d'une certaine production de chaleur, qui est, soit la cause, soit la conséquence du mouvement de la feuille. Comme je ne connais pas la valeur thermométrique de cette calorification, et qu'elle doit être, dans tous les cas, très faible, il m'était permis de me demander si elle n'était pas due à l'arrêt du mouvement de la feuille dont la force de chute doit se transformer en chaleur. Un calcul très simple montre, en effet, que cette source de chaleur n'est pas absolument négligeable.

Mais j'ai revu la rétrogradation de l'aiguille indiquant production de chaleur dans des feuilles dont le plan de mouvement était horizontal; je l'ai revue même dans des feuilles à plan de mouvement vertical dont les pétioles secondaires, qui constituent presque tout le poids et par suite la force vive, avaient été enlevés : cependant, elle m'a paru, dans ces circonstances, avoir diminué, sans que j'aie pu faire la part de ce qui, dans cette diminution, revenait à la suppression de la force vive de chute ou à la disposition même de l'expérience.

Quoi qu'il en soit, il reste établi, en résumé : 1° qu'il s'opère régulièrement dans le renflement moteur de la Sensitive des modifications chimiques dont le résultat est une consommation de chaleur; cette consommation est assez énergique pour maintenir la température d'un organe aussi petit notablement au-dessous de celle de la tige et de l'air; 2° que le mouvement de la feuille, consécutif à une excitation, est accompagné de phénomènes calorifiques dont l'effet persiste assez longtemps, mais qui sont loin d'avoir une intensité suffisante pour rétablir l'équilibre de température entre le renflement et le milieu ambiant.

2° INFLUENCE DE LA LUMIÈRE ET DE L'OBSCURITÉ SUR LES MOUVEMENTS.

Réveil des Sensitives par une lumière artificielle. — On sait, depuis de Candolle, que des Sensitives à l'état de sommeil se réveillent, c'est à dire étalent leurs folioles lorsqu'on les soumet à l'influence continue d'une lumière suffisamment vive.

J'ai fait, à ce sujet, l'expérience suivante. Sur une Sensitive endormie j'ai dirigé le faisceau lumineux si vif fourni par l'appareil de M. Bourbouze. Vingt minutes après, aucune modification n'était survenue dans l'aspect de la plante. Un accident étant arrivé à l'appareil, on s'arrêta, et la Sensitive demeura dans une obscurité relative, éclairée seulement à distance par un faible bec de gaz. Or, un quart d'heure après, elle présentait complètement l'apparence du réveil.

Cette expérience est intéressante en ce qu'elle montre que la lumière agit, en déterminant dans la plante, et nous pouvons dire, dans les renflements moteurs des folioles et des feuilles [1], des modifications chimiques, lesquelles, une fois en train, continuent et déterminent les mouvements de la plante, alors même que leur excitant initial, la lumière, a été enlevé.

Influence de l'obscurité prolongée ou de l'éclairage continu. — Hill, de Candolle, Dutrochet, et d'autres auteurs, ont étudié les rapports qui existent entre la présence ou l'absence de la lumière et les mouvements de la Sensitive. Mais ces observateurs n'examinaient que les mouvements des folioles, qui coïncident assez exactement, dans l'état régulier des choses, avec le lever ou le coucher du soleil. Quant aux mouvements des pétioles primaires, on s'en occupait peu, les croyant concomittants avec ceux des folioles.

Mais, depuis les faits signalés dans notre premier Mémoire, cette simultanéité ne peut plus être admise; il a même fallu, en quelque sorte, renverser l'ancienne proposition, et considérer comme l'état nocturne ce qu'on appelait état diurne.

Cette constatation nouvelle montrait que les mouvements du pétiole primaire ne commencent pas au moment où commencent soit le jour ou la nuit; mais elle ne prouvait rien sur le

(1) Voir ci-dessus, p. 48.

rapport qui peut exister entre ces mouvements et les alternatives des périodes diurne et nocturne. Il était important, au
point de vue surtout de la théorie générale des mouvements
spontanés, de chercher ce qu'il arriverait d'une Sensitive soumise d'une manière continue soit à la lumière, soit à l'obscurité.

J'ai fait ces expériences, et je vais en donner les résultats
dans leurs détails chiffrés, et aussi sous une forme graphique
qui permet d'en mieux saisir l'ensemble.

Une Sensitive bien vigoureuse fut placée, sur une table,
auprès d'une fenêtre ouverte au couchant, et par laquelle les
rayons directs du soleil n'arrivaient guère à la plante que de 4
à 6 heures du soir. Au bout de quelques jours, lorsque la plante
fut bien habituée à cet état de choses, je commençai à prendre
régulièrement des mesures de l'angle que faisait, avec la tige,
le pétiole primaire de quelques-unes de ses feuilles (V. mon
1er Mémoire). Après quatre nuits et quatre jours de cette observation, faite dans des conditions régulières, normales, j'éclairai
tous les soirs, à partir de 7 ou 8 heures, ma Sensitive à l'aide
de trois lampes, dont une lampe Carcel très brillante. Ces
lampes étaient disposées à 0m50 de la Sensitive, et leur lumière
tombait sur elle d'en haut, suivant à peu près la direction des
derniers rayons que lui avait envoyés le soleil. Cette précaution
était nécessaire pour éviter des torsions dans les feuilles. On
allumait successivement les lampes, de manière à augmenter la
lumière artificielle au fur et à mesure que diminuerait la lumière
naturelle. L'éclairage durait toute la nuit, et souvent même
agissait le matin en concurrence avec la lumière du jour.
Après cinq nuits d'éclairage continu, on enleva les lampes, et
l'on continua les observations pendant sept jours et sept nuits,
dans les conditions normales.

Tout à côté de cette Sensitive, une autre plante de même
taille et aussi vigoureuse avait été placée dans un placard, qui
fut laissé ouvert pendant plusieurs jours. Après une période de
repos, je fis pour celle-ci les mêmes observations que pour la
précédente, aux mêmes heures du jour et de la nuit. Après
quatre jours et cinq nuits d'observation, le placard fut fermé,
et la plante maintenue ainsi d'une manière continue dans

l'obscurité. Elle y resta cinq jours, après quoi, comme il ne restait plus qu'une feuille vivante parmi celles qu'on observait, on rouvrit le placard, et l'on continua les mesures pendant sept jours et sept nuits de suite.

Cette longue et fatigante série d'observations avait donc duré, pour chacune des Sensitives, pendant 18 nuits et 17 jours consécutifs, les mesures étant généralement prises de deux en deux ou de trois en trois heures.

Le lecteur trouvera, dans les pages qui vont suivre, des tableaux de chiffres qui expriment les résultats de ces observations, et des tracés graphiques qui les traduisent sous une forme plus facile à saisir.

Dans les tableaux, les numéros portés par les feuilles indiquent la place réelle qu'elles occupaient à partir du sommet de la tige. Les feuilles numérotées 1' n'étaient ni déroulées ni sensibles au début de l'expérience. On n'a commencé à mesurer leurs angles qu'après l'apparition de la sensibilité.

Les nombres inscrits dans nos colonnes indiquent, avons-nous dit, en degrés la valeur de l'angle que fait le pétiole primaire avec la tige; il s'agit de l'angle inférieur. Quand il y a deux nombres superposés, l'inférieur donne la mesure de l'angle fait par le pétiole après qu'une excitation a fait tomber la feuille; la différence de ces deux nombres mesure donc la valeur de l'angle parcouru par la feuille.

Dans les graphiques, on a représenté, en haut, les mouvements des feuilles 2 et 3 de la Sensitive A ([1]); en bas, ceux des feuilles 1 et 3 de la Sensitive B. Comme dans les graphiques publiés dans mon premier Mémoire, les temps sont comptés sur l'axe des abscisses; les valeurs d'angle sur celui des ordonnées. L'espace correspondant à la ligne blanche épaisse indique le temps pendant lequel les plantes ont été soumises aux conditions artificielles de lumière ou d'obscurité continues.

Ces indications données, examinons à la fois les tableaux et les graphiques.

([1]) Le graveur a, par erreur, écrit le chiffre 1 au lieu du chiffre 2.

DATE	HEURE	TEMPÉRATURE	SENSITIVE A. (Obscurité continue.)				Observations.	SENSITIVE B. (Éclairage continu.)				Observations.
			Feuille 1'.	Feuille 1.	Feuille 2.	Feuille 3.		Feuille 1'.	Feuille 1.	Feuille 2.	Feuille 3.	
2 Juill. 1869. Temps couvert.	5h 5m soir; jour.	19°	..	125*	105*	95*	Folioles ouvertes.	..	137*	110*	85*	Folioles ouvertes.
	6 10 — id.	..	..	110	90	78	Fol. commencent à se fermer.	..	137	110	78	Fol. comm. à se fermer.
	7 40 — id.	19°	..	110	90	78	Folioles fermées.	..	125	98	65	Folioles fermées.
	8 55 — nuit.	..	..	110	85	67	Id.	..	125	76	60	Id.
	10 20 — id.	..	..	110	85	60	Id.	..	130	60	65	Id.
	11 20 — id.	..	..	125	98	72	Id.	..	125	60	72	Id.
3 Juillet. Id.	3h » matin; id.	18°	..	160	130	105	Id.	..	160	180	110	Id.
	5 10 — jour.	18°	..	160	130	110	Folioles demi-ouvertes.	..	170	152	110	Id.
	8 25 —	19°	..	130	110	100	Folioles ouvertes.	..	160	118	95	Folioles ouvertes.
	10 40 —	20°	..	115	115	95	Id.	..	150	115	90	Id.
	12 45 soir; —	20°	..	115	105	80	Fol. commencent à se fermer.	..	140	130	75	Fol. commencent à se fermer.
	6 40 —	..	..	65	90	65	Folioles fermées.	..	132	117	90	Folioles fermées.
	11 » nuit.	..	..	80	70	55	Id.	..	120	90	70	Id.
4 Juillet. Beau temps. Soleil.	2h 15m matin; id.	19°	..	125	145	107	Id.	..	155	150	115	Id.
	7 10 — jour.	19°	..	130	120	110	Folioles ouvertes.	..	155	140	105	Folioles ouvertes.
	9 » —	19°	..	110	110	100	Id.	..	140	125	95	Id.
	12 » soir; —	20°	..	100	110	85	Id.	..	135	120	90	Id.
	2 10 —	21°	..	100	110	90	Folioles demi-fermées.	..	135	122	85	Folioles demi-fermées.
	6 10 —	21°	..	88 (malade)	105	75	Folioles fermées.	..	103	133	93	Folioles fermées.
	7 55 —	..	..	80	90	63	Id.	..	122	135	83	Id.
	9 40 — nuit	..	..	85	90	68	Id.	..	122	122	77	Id.
	11 » id.	..	..	85 (désormais insensible)	115	85		..	155	97	82	
5 Juillet. Id.	3h » matin; aube.	..	..	105	155	140	Fol. commencent à s'ouvrir.	..	180	160	130	Fol. commencent à s'ouvrir.
	6 30 — jour.	20°	..	105	130	115	Folioles ouvertes.	..	165	255	110	Folioles ouvertes.
	8 35 —	22°	..	95	122	107	Id.	..	138	130	100	Id.
	11 45 —	22°	..	90	105	90	Id.	..	130	120	95	Id.
	2 30 soir; —	22°	..	83	105	87	Id.	..	130	120	95	Id.
	5 45 —	..	..	85	85	70	Id.	..	147	135	85	Id.
	8 » —	..	..	90	90	70	Folioles fermées.	..	65	45	0	Folioles fermées.
	10 » nuit.	21°	..	95	120	85	Id.	..	137	130	85	Id.
			..					..	150	138	95	
6 Juillet. Temps couvert.	2h » matin; id.	..	..	105	155	120	Id.	..	165	155	135	Id.
	5 » — jour.	21°	..	105	135	115	Folioles ouvertes.	..	105	55	45	Folioles ouvertes.
	8 30 —	21°	..	100	115	95	Id.	..	160	150	115	Id.
	10 30 —	22°	..	85	105	85	Id.	..	98	85	85	Id.
	11 45 soir; —	..	..					..	187	128	95	
			..					..	128	120	85	

Date / Temps	Heure		Éclairage artificiel.						État des folioles							État des folioles
7 Juillet. Beau temps. Soleil.	8ʰ 15		Id.	76	125	145	...	...	...	...	...	24°	Id.	Folioles fermées.		
	9 »		nuit.	85	140	155	...	...	...	...	130		nuit.	Id.		
	10 45		Id.	100	150	165	...	...	...	...	140		Id.	Id.		
8 Juillet. Journ. très chaude sans soleil.	1ʰ 10 matin;		Id.; jour.	120	145	160	...	115	155	160	160	25°	matin; Id.	Folioles ouvertes.		
	4 15		jour.	100	138	150	...	120	135	155	155	22°	jour.	Id.		
	6 45		Id.	100	140	150	...	100	130	150	150	22°	Id.	Folioles demi-ouvertes.		
	9 »		Id.	90	138	140	...	95	130	145	145		Id.	Id.		
	11 30		Id.	86	127	120	...	90	130	100	145	23°	Id.	Id.		
9 Juillet. journée chaude, peu de soleil.	1ʰ 30 soir;		Id.	95	125	120	...	75	120	120	140	23°	soir; Id.	Id.		
	4 15		mult.	115	140	140	...	80	120	120	145		mult.	Folioles demi-fermées.		
	8 30		Id.	115	145	160	...	95	110	110	155	24°	Id.	Folioles fermées.		
	10 50		Id.	95	140	140	...	95	115	115	145	24°	Id.	1 et 2, folioles fermées. 3, presque ouvertes.		
10 Juillet. Journ. très chaude soleil.	2ʰ 30 matin;		Id.	90	135	150	...	115	120	155	21°	matin; Id.	Id.			

DATE	HEURE	TEMPÉRATURE	SENSITIVE A. (Obscurité contin.)				Observations.	SENSITIVE B. (Éclairage contin.)				Observations.
			Feuille 1'	Feuille 1	Feuille 2	Feuille 3		Feuille 1'	Feuille 1	Feuille 2	Feuille 3	
11 Juillet. Journ. très chaude soleil.	Minuit.	25°	110°	...	80°	60°		...	150°	...	115°	1 ferm.; 1 demi-ouv.; 3 ouv.
	4h 30 matin; jour.	24°	150	...	80	60	Id. Toutes insens.	165	85	...	115	Id.
	5 30 — id.	24°	155	...	80	60	Id.	160	150	...	115	Id.
	9 45 — id.	24°	160	desséché à 125	80	65	Id.	150	...	...	105	Folioles ouvertes.
	12 15 soir; id.	24°	160	...	90	65	Id.	160	145	...	115	Id.
	4 » — id.	25°	160	...	80	75	A 1 et 2, les fol. tombent; 3 est ouverte.	160	140	...	115	Id.
	6 50 — id.	...	160	...	100	75	Id.	80	80	...	85	Id. 1 et 1 ferm.; 3 demi-ferm.
	9 » — nuit.	25°	160	...	105	65	Id.	150	130	...	120	Id.
	10 30 — id.	...	150	...	105	65	Id.	155	155	...	110	Id.
								85	150	...		
12 Juillet. Id.	2 45 matin; id.	25°	150	...	105	65	Id.	100	150	...	100	1 ferm.; 1 demi-ouv.; 3 ouv.
	5 45 — jour.	...	150	...	105	65	Id.	160	145	...	115	Id.
	8 15 — id.	24°	150	...	105	65	Id.	150	145	...	115	1 ferm.; 1 et 2 demi-ouv.
	8 30 — id.	26°	150	...	120	35	Remise à la lumière.	85	80	...	85	Folioles ouvertes.
	11 30 soir; id.	25°	150	...	120	55	Id.	150	145	...	120	Id.
	3 30 — id.	...	140	...	120	55	Un peu de sensib. aux fol. de 3.	160	145	...	105	1 et 1 ferm.; 1 et 3 demi-ferm.
	6 50 — un peu j.	...	150	...	120	55	Id.	170	150	...	115	Folioles fermées.
	...	...	150	...	120	35	...	...	...	...	...	On n'allume plus les lampes.
	9 » — nuit.	...	150	...	120	55	Id. 3 fermée; un peu plus sensib.	180	160	...	120	Folioles fermées.
	11 45 — id.	...	...	...	...	55	3 fermée	185	160	...	130	1 et 1 ferm.; 3 demi-ouv.
						F. 4.					F. 4.	
13 Juillet. Journée extrêm' chaude, soleil.	2 25 matin; nuit.	...	...	...	...	55	60° 3 ouverte.	170	160	...	125	Le ressort super a été saisi, 95 1 ferm.; 1 demi-ouv. 3 ouvert.
	8 » — jour.	...	130	...	130	95	95 3 et 4 ouv.; un peu sensib. aux folioles.	150	145	...	105	Folioles ouvertes.
	12 30 soir; id.	...	125	...	130	75	60 Id.	155	145	...	95	Id.
	2 » — id.	...	...	...	...	65	50 Id.	160	140	...	90	Id.
	5 45 — id.	26°	...	...	...	75	50 Id.	170	150	...	95	Id.
	8 15 — nuit.	...	...	...	...	85	65 Folioles fermées. Encore ins. au pétiole.	170	155	...	115	Folioles fermées.
	9 45 — id.	...	...	...	...	95	80 Id. Encore ins. au pétiole.	150	160	...	115	Id.
						100	95 Id.	185	165	...	115	Id.
14 Juillet. Journ. très chaude soleil.	4 » matin; nuit.	...	...	...	...	105	105 Id.	175	170	...	120	Id.
	6 5 — jour.	...	...	...	...	110	80 Fol. ouv., un peu sens.; ...	155	140	...	95	Folioles ouvertes.

Date / heure			Mesures					État
15 Juillet. Id.	2ʰ » matin;	id.						Id. Folioles ouvertes. Id. Id.
	6 » —	jour.						Id.
	9 » —							
	4 15 soir;	id.						Folioles fermées.
	8 30 —	id.						Id. Id.
	7 30 —	id.						Folioles ouvertes. Id.
	9 15 —	nuit.						Id. Id. Id.
	10 45 —	id.						Folioles fermées. Id.
16 Juillet. Id.	1ʰ 30 matin;	id.						Id. Folioles ouvertes. Id.
	6 45 » —	id.						Id.
	9 » —	id.						Id. Id.
	12 15 soir;	id.						Folioles fermées. Id.
	4 » —	id.						Folioles ouvertes. Id.
	5 15 » —	id.						Id. Folioles fermées. Id.
	7 » —	id.						Id.
	10 » —	nuit.						
17 Juillet. Id.	1ʰ » matin;	id.						Id. Folioles ouvertes. Id.
	5 15 » —	jour.						Id.
	7 45 » —	id.						Id. Folioles fermées. Id.
	2 » soir;	id.						Id.
	7 » —	id.						Folioles ouvertes. Id.
	9 45 » —	id.						Id. Id.
18 Juillet. Id.	2ʰ 15 matin;	id.						Id. Folioles ouvertes. Id.
	8 » » —	jour.						Id.
	4 » soir;	id.						Folioles fermées. Id.
	7 » —	id.						Id.
	9 15 » —	nuit.						Id.
	11 » » —	id.						Id.
19 Juillet. Id.	4ʰ » matin;	jour.						Id. Folioles ouvertes. Id. Id.
	8 30 » —	id.						Id.
	9 » soir;	id.						Folioles fermées. Id.
	7 » —	id.						Id.
	10 30 » —	nuit.						Id.

5

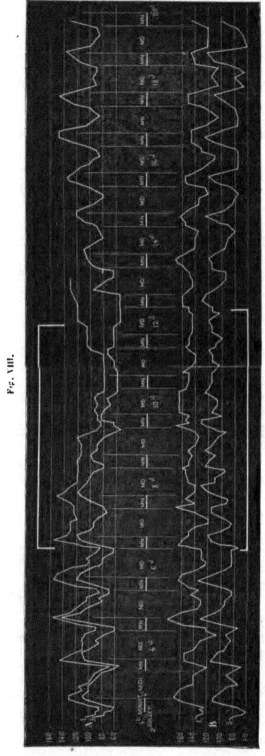

Fig. VIII.

Graphiques représentant les mouvements des pétioles primaires de deux Sensitives observés pendant 18 nuits et 17 jours consécutifs : A, Sensitive placée à l'obscurité (au lieu de 1, lisez 2) ; B, Sensitive non mise à un éclairage continu.

Les observations faites pendant les premiers jours, alors que la plante était dans les conditions normales, confirment tout à fait ce que j'avais avancé dans mon premier Mémoire, à savoir que les pétioles primaires s'abaissent pendant le jour et se relèvent pendant la nuit, au contraire de ce qu'on enseignait autrefois. La fin de la période diurne est surtout marquée par une chute très brusque, qui continue souvent pendant une ou deux heures au début de la période nocturne. Inversement, l'abaissement du pétiole commence quelquefois un peu avant le point du jour. Ainsi, la nuit, à cette époque de l'année, durant à peu près de $8^h 30^m$ du soir à 3^h du matin, le maximun d'abaissement des pétioles primaires a été obtenu dans 18 observations, à 6^h, $6^h 30^m$, 8^h, 8^h, 8^h, $8^h 30^m$, $8^h 30^m$, 9^h, 9^h, 10^h, 10^h, $10^h 30^m$, 11^h, 11^h, 11^h, 11^h, 11^h, 11^h; le maximum d'exhaussement a eu lieu 6 fois à 2^h du matin, 8 fois à 3^h, 3 fois à $3^h 30^m$, 1 fois à 5^h.

En comparant ces résultats avec ceux qui sont rapportés dans mon premier Mémoire, il est facile de voir que l'ascension du pétiole s'est opérée, dans les observations que je rapporte actuellement, beaucoup plus rapidement que dans les anciennes. C'est que celles-ci ont été prises à la fin de septembre, époque où les nuits sont beaucoup plus longues. Il est à remarquer que le minimum d'abaissement du pétiole a eu lieu, dans les deux saisons, à peu près aux mêmes heures; la grande différence porte sur le maximum d'exhaussement, beaucoup plus tôt atteint en été qu'en automne.

On remarquera encore que plus les feuilles sont haut placées sur la tige, plus elles sont jeunes, en un mot, et plus l'angle qu'elles font avec la direction de cette tige est grand. Cela est très manifeste dans les quatre tracés de la fig. VIII; toujours la feuille n° 3 se tient au-dessous des feuilles n° 1 ou n° 2 : il n'y a jamais d'entre-croisement des tracés. En se rapportant aux chiffres, on voit que, pour la Sensitive A, les minima ont été : feuille n° 2, 70°; feuille n° 3, 55°; et les maxima : feuille n° 2, 155°; feuille n° 3, 140°. Pour la sensitive B, les minima ont été : feuille n° 1, 105°; feuille n° 3, 60°; et les maxima : feuille n° 1, 180°; feuille n° 3, 135°. Les choses ne se passent pas toujours aussi régulièrement, et l'on voit, en consultant attentivement le tableau, qu'il y a parfois de petits chevauchements; mais la formule posée ci-dessus est exacte en règle générale.

Le fait que j'avais signalé a été vérifié par d'autres naturalistes, et l'observation en est si aisée, que l'on est forcé, pour expliquer l'erreur universellement admise, de faire une supposition un peu irrévérencieuse pour les botanistes. Il faut admettre, en effet, qu'ils ont de tout temps cessé leurs observations vers 9 ou 10 heures du soir, supposant que la plante qu'ils voyaient à cette heure à l'état dit de sommeil, y resterait comme eux toute la nuit. Le matin, au plein jour, ils voyaient les feuilles ouvertes et relevées, et concluaient que cet exhaussement du pétiole primaire s'était opéré sous l'influence de la lumière. Un peu plus d'assiduité à l'observation leur aurait facilement démontré leur erreur, et peut-être m'excusera-t-on de tirer quelque peu vanité de mes dix-sept jours et dix-huit nuits de suite, pendant lesquels j'ai exécuté un ensemble d'environ 950 mesures d'angles.

Un botaniste français, M. Millardet (¹), répétant mes observations, les a trouvées exactes, et leur a ajouté des faits très singuliers et très intéressants. Il a vu, en effet, que ces mouvements d'ascension ou d'abaissement du pétiole primaire ne s'exécutent pas d'une manière continuellement progressive, ce que montrent au reste mes graphiques, mais qu'ils sont interrompus par des oscillations de second et de troisième ordre. En telle sorte qu'il y a lieu à considérer d'abord un *maximum* et un *minimum* d'élévation qui apparaissent, le premier un peu avant le point du jour, le second dans les premières heures de la soirée : ce sont les oscillations de premier ordre, dont j'ai constaté l'existence dans mon premier Mémoire.

Viennent ensuite les oscillations de second ordre : « Celles-ci, » dit M. Millardet (²), ne se présentent que pendant le jour;

(¹) *Nouvelles recherches sur la périodicité de la tension. — Étude sur les mouvements périodiques et paratoniques de la Sensitive.* Thèses de Strasbourg, 1869. (*Mém. de la Soc. des Sc. nat. de Strasbourg*; t. VI.)

(²) *Loc. cit*, p. 29.

» elles offrent une durée de trois à cinq heures. Leur marche
» est régulière, mais à un moindre degré que celle des oscilla-
» tions de premier ordre. L'ordre dans lequel elles se succèdent
» est le suivant : la tension, parvenue à son maximum dans
» les dernières heures de la nuit, tombe vite et très bas, aussitôt
» qu'il fait grand jour, pour arriver à un *minimum du matin,*
» entre 7 et 9 heures. Elle se relève ensuite, atteint un *maxi-*
» *mum* vers 10 heures du matin, puis redescend à un *minimum*
» placé vers midi. A partir de ce minimum du milieu du jour,
» on la voit remonter encore, atteindre un *maximum* entre
» 3 et 5 heures du soir, puis redescendre pour arriver au grand
» *minimum* de la fin de la journée deux ou trois heures après.
» Quelquefois l'oscillation de l'après-dînée se compose de deux
» oscillations assez distinctes. »

J'emprunte au Mémoire de Millardet la fig. IX, qui traduit
graphiquement la description précédente.

Fig. IX.

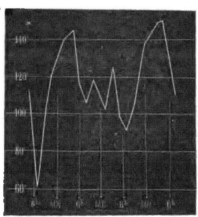

Graphique montrant les oscillations de premier et de second ordre dans un pétiole de Sensitive
(réduit d'après la planche I [plante n° 1] de Millardet).

« Les oscillations de troisième ordre se manifestent jour et
» nuit; pendant le jour, constamment; pendant la nuit, parti-
» culièrement lorsque la tension est arrivée à peu près à son
» niveau maximum. Leur durée varie entre une demi-heure et
» une heure. »

On peut. étudier ces oscillations sur la fig. X, empruntée également au Mémoire de Millardet.

Fig. X.

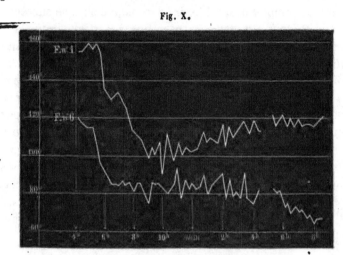

Graphique montrant les oscillations de troisième ordre dans un pétiole de Sensitive (réduit' d'après la planche II de Millardet').

Ces faits curieux m'avaient complètement échappé, à cause du trop long intervalle que je mettais entre mes observations, et du peu de précision de mon procédé pour la mesure des angles. On peut cependant voir que mes graphiques en constataient déjà l'existence.

Passons maintenant à l'étude des résultats nouveaux dus à l'influence de l'obscurité ou de l'éclairage continus.

ŕ *Sensitive A : obscurité continue.* — Une des feuilles de cette plante, la feuille n° 1, était déjà malade par suite d'accident, au moment où j'ai commencé les observations; elle est devenue insensible, elle a même perdu ses folioles pendant que la plante était encore placée dans les conditions normales. Or, on peut remarquer que le pétiole n'en a pas moins continué à exécuter des mouvements spontanés très étendus. Après s'être maintenu, au moment de l'insensibilité, dans des niveaux voisins de l'horizontale, il a, les folioles tombées, présenté des oscillations entre 80° et 130°; puis il s'est incliné pour demeurer définitivement immobile à 105°. Peut-être pourrons-nous plus **tard tirer parti de ces faits.**

Les autres feuilles n°s 2 et 3 ont, dès le premier jour d'obscurité anormale et surtout pendant le second, manifesté d'une manière très nette leur état de souffrance. Pendant le premier jour, la feuille n° 2 s'est à peine abaissée; ses oscillations qui, les jours précédents, avaient été de 130° à 70°, de 145° à 90°, de 155° à 85°, de 155° à 85°, n'ont plus été que de 155° à 120°; les folioles se sont maintenues tout le jour à demi-fermées; pendant la nuit suivante, l'ascension a remonté à 150°; mais le lendemain, il y a eu une lente descente de 150° à 120°, et la nuit s'est passée en un état d'immobilité complète. La feuille était cependant encore sensible aux folioles et au pétiole. Pendant le troisième jour (9 juillet), il y a encore eu abaissement de 115° à 85°; les folioles se sont encore à demi-ouvertes, mais irrégulièrement, et de plus elles étaient insensibles; le soir, le pétiole est devenu insensible à son tour. Pendant la nuit et le jour suivant, les oscillations ont varié entre 95° et 80°, et l'immobilité s'est maintenue à 80° pendant environ vingt-quatre heures; les folioles sont tombées alors, et la feuille a pris un mouvement subit d'ascension, dû probablement à cette décharge, et qui l'a porté à 120° : on a, le septième jour (13 juillet), cessé l'observation.

L'histoire de la feuille n° 3 est plus intéressante, parce qu'elle a survécu. Dans les premiers jours, sous les conditions normales, ses oscillations diurnes avaient été de 110° à 55°, de 110° à 60°, de 140° à 70°, de 120° à 65°; pendant le premier jour d'obscurité, elle a encore oscillé de 120° à 65°, avec ses folioles demi-ouvertes, et dans la nuit suivante, elle est remontée à 120°. Le lendemain, elle n'est descendue qu'à 80°, et n'est remontée ensuite qu'à 100° pendant la nuit; ses folioles, pendant cette dernière nuit, ne se sont point fermées et sont devenues insensibles. Pendant le troisième jour (9 juillet), elle est tombée de 100° à 55°, pour se relever, la nuit suivante, à 90°, folioles ouvertes. Le quatrième jour, descente de 90° à 60°, et, vers le soir, insensibilité du pétiole. Celui-ci reste à peu près immobile pendant toute la nuit, et encore le jour et la nuit d'après. Les folioles sont alors tout à fait étalées, et même un peu renversées en dessous; c'est, au reste, l'aspect que présentent celles des autres feuilles de la plante qui vivent encore, et notamment la feuille n° 4.

Je crains alors de prolonger plus longtemps l'expérience, ayant le désir de voir comment reviendront les mouvements quand la Sensitive sera replacée dans ses conditions normales. Le 12 juillet (6e jour), à 8 heures du matin, je rouvre le placard, et la plante reçoit la lumière du jour. Or, pendant toute la journée et même la nuit suivante, la feuille demeure immobile de 65° à 55° ; la sensibilité revient cependant un peu aux folioles qui restent étalées, Le jour suivant, exhaussement et abaissement brusques pendant la matinée, portant le pétiole de 55° à 95°, pour le ramener à 65°, en dix heures de temps. Il semble que le relèvement nocturne se soit attardé, et qu'au lieu de se manifester vers 10 heures du soir pour arriver à son maximum vers 3 heures du matin, il n'ait commencé qu'à 3 heures du matin pour finir à 8 heures. Dès le soir de ce jour (13 juillet), la feuille reprend ses mouvements réguliers ; les folioles se ferment pendant la nuit, et le pétiole primaire oscille faiblement d'abord, de 110° à 80°, de 120° à 80° ; puis, plus amplement, de 135° à 85°, de 140° à 85°, de 145° à 90°, de 140° à 85°.

Cependant, malgré le retour de ces mouvements réguliers, le pétiole n'est pas de suite redevenu sensible, et c'est le 16 juillet seulement qu'il a commencé à s'abaisser (15°), sous l'influence des excitations ; le 19 juillet, l'angle décrit n'était encore que de 40°.

La feuille n° 1′, qui n'avait pas été observée avant l'intervention de l'obscurité continue, a pris immédiatement une marche irrégulière et bizarre ; elle est morte en même temps que la feuille n° 2.

Quant à la feuille n° 4, dont l'observation n'a commencé qu'après le retour à l'état régulier des conditions, elle a reproduit exactement les mêmes phénomènes que la feuille n° 3, à ce point que le graphique qui représente ses mouvements, est presque en tous points parallèle au graphique de la feuille n° 3, se maintenant toujours au dessous de lui : il n'a pas été reproduit dans la fig. VIII.

Si nous résumons maintenant les enseignements fournis par ces expériences, nous dirons : 1° que le séjour dans l'obscurité prolongée trouble très rapidement les mouvements du pétiole primaire, et que ce trouble persiste pendant quelque temps

après que la plante a revu la lumière; 2° que ce trouble consiste
en une diminution, puis une suspension des ascensions nocturnes, et de telle sorte que le pétiole finit par demeurer à peu
près immobile dans une direction très abaissée, direction quelquefois inférieure à la position la plus inclinée qu'il atteignait
à la fin du jour dans les conditions régulières d'éclairage; lorsque la plante a revu le jour, les ascensions nocturnes, d'abord
retardées, puis assez faibles, augmentent de plus en plus, en
sorte que tout à la fois les maxima et les minima des courbes
sont de plus en plus élevés; 3° que l'obscurité, si l'on insiste,
tue la feuille, le pétiole demeurant abaissé, et ne se relevant
qu'après avoir été déchargé du poids qu'il supporte par la chute
des folioles.   -

J'insiste sur ce point : l'obscurité tend à immobiliser le
pétiole, à l'immobiliser, si l'on peut ainsi dire, *par en bas*.
Nous verrons que c'est exactement le contraire pour l'éclairage
continu.

Sensitive B : éclairage continu. — Prenons d'abord la feuille
n° 1. Les oscillations diurnes, pendant que la plante était soumise aux alternatives normales, étaient de 170° à 120°, de
155° à 105°, de 180° à 130°, de 165° à 125°. Dans le jour qui
a suivi la première nuit éclairée, l'oscillation a encore été de 165°
à 120°; au commencement de la nuit suivante, le pétiole était
remonté à 170°. Pendant cette seconde nuit, on voit déjà sur-
venir des irrégularités; en cinq heures, le pétiole s'abaisse à
140°, et se relève à 155°; le jour suivant, abaissement à 140°;
l'oscillation du troisième jour (9 juillet) n'est plus que de 160°
à 135°. Au début de la quatrième nuit, ascension à 170°, puis
descente soudaine à 150°, et oscillation autour de ce point;
au jour, relèvement et immobilité du pétiole pendant toute la
journée à 165°. La cinquième nuit n'a pas de relèvement; au
contraire, le pétiole s'abaisse à 150°, et l'oscillation du jour suivant (11 juillet) n'est que de 160° à 140°. Le soir, petit relèvement qui porte le pétiole à 155°, et pendant le sixième jour, il ne
redescend qu'à 145°. Dès la nuit suivante, on cesse d'allumer
les lampes, l'expérience paraissant suffisamment concluante;
cependant, l'immobilité relative du pétiole ne se dément pas;
il ne se relève, en effet, qu'à 160°, s'y maintient toute la nuit, et

dans la journée suivante ne s'abaisse qu'à 140°. Mais l'oscillation prend, dans les jours consécutifs, une étendue de plus en
plus grande; elle est, en effet, successivement de 170° à 135°,
de 165° à 120°, de 155° à 110°, de 145° à 105°, de 150° à
105°.

Si nous examinons maintenant les folioles, nous verrons que,
dans cette feuille, elles n'ont guère été influencées par l'éclairage artificiel, et se sont, la nuit, fermées malgré lui. Mais les
autres feuilles, plus âgées, celles qui portaient les n°ᵉ 4, 5, 6,
etc., ont subi très manifestement l'influence de la lumière, et
sont restées ouvertes pendant toute la période de l'expérience, ou
bien, après s'être fermées au début de la nuit, elles se rouvraient
quand on les éclairait. Cela se rapporte évidemment à ce fait
général, que les feuilles jeunes se ferment plus tôt le soir et se
rouvrent plus tard le matin que les feuilles qu'on pourrait
appeler adultes, en pleine vigueur.

Relativement à la sensibilité, elle a toujours persisté; elle a
même, je puis le dire, augmenté, et cela pour la plante entière.
La Sensitive était devenue tellement susceptible, que plusieurs
fois, la nuit, je n'ai pu prendre mes mesures d'angles, pour
m'être approché d'elle sans prendre assez de précautions; le
souffle de la respiration suffisait pour faire abattre les feuilles;
il y avait, si l'on peut emprunter cette expression à la médecine,
une véritable hyperesthésie. Quant à l'amplitude de l'angle décrit
par le pétiole pendant le mouvement provoqué, il n'a guère
changé de valeur, comme l'indiquent les tableaux; lorsque le
pétiole était dressé aux environs de 150°, cette amplitude,
avant, pendant ou après l'expérience, a toujours été d'à peu
près 60°.

L'histoire de la feuille n° 2, malgré l'accident qui l'a in-
terrompue, et celle de la feuille n° 3, répètent, dans ses traits
principaux, celle de la feuille n° 1. Ainsi, pour la feuile n° 3,
les oscillations qui étaient avant l'éclairage de 110° à 70°, de
115° à 75°, de 130° à 85°, de 135° à 75°, se sont réduites
pendant la période d'éclairage continu à n'être plus que de
120° à 85° (remarquez l'oscillation nocturne singulière de la
seconde nuit éclairée), de 130° à 95°, de 125° à 95°, de 130°
à 105°, de 125° à 105°, de 120° à 100°, pour redevenir, après

le retour des conditions régulières, de 130° à 90°, de 120° à 80°, de 125° à 75°, de 120° à 75°, de 125° à 75°, de 110° à 65°, de 120° à 65°.

La feuille n° 1′, pour le peu de temps pendant lequel elle a été observée durant l'éclairage continu, confirme les résultats des feuilles n′ˢ 1, 2 et 3. On voit, en effet, qu'elle était presque immobile aux environs de 150°, tandis que, lorsque les périodes nocturnes redevinrent régulières, elle reprit des oscillations qui la portaient, par exemple, de 165° à 125°.

Quant à la feuille n° 4, son histoire n'a pas de rapport avec notre expérience actuelle; la moitié supérieure du renflement moteur avait été enlevée, et l'observation n'a été prise qu'après le retour de la plante aux conditions normales. Mais les mesures d'angle nous montrent que les mouvements de cette feuille mutilée ont été de même sens, sinon de même amplitude que ceux d'une feuille saine; les variations d'énergie marchent donc simultanément dans le renflement moteur tout entier et dans sa moitié inférieure considérée isolément. Il faut rapprocher ces faits de ceux qui ont été signalés dans mon premier Mémoire (1).

Revenons à notre expérience. Nous voyons que, dans les feuilles observées (et toutes les autres sur la plante entière ont présenté les mêmes phénomènes, dont la mesure exacte n'a pas été prise), l'amplitude du mouvement a diminué, et que certaines d'entre elles, notamment la feuille n° 1, sont restées, pendant deux jours et deux nuits, presque complètement immobiles. Or, ces feuilles étaient ainsi dressées presque à leur maximum d'exhaussement (environ 150° pour la feuille n° 1; 110° pour la feuille n° 3; 155° pour la feuille n° 1′). Lorsque reparurent les oscillations normales, elles eurent surtout pour résultat d'abaisser successivement le minimum d'angle : c'est ainsi que, pour la feuille n° 1′, il est devenu successivement 150°, 135°, 125°; pour la feuille n° 1, 135°, 120°, 110°, 105°; pour la feuille n° 3, 90°, 80°, 75°, 65°. Le maximum s'est aussi abaissé, mais beaucoup moins.

Il est éminemment probable que ces phénomènes auraient

été beaucoup plus accentués, si notre éclairage eût été mieux installé. Il est évident, en effet, que nos lampes, malgré les précautions prises, ne représentaient que bien imparfaitement, en direction, en intensité, en coloration, la lumière du jour.

Enfin, la plante, avec toutes ses feuilles redressées et ses folioles étalées, n'a nullement souffert de cet éclairage continu, et sa sensibilité, bien loin d'être diminuée, a paru, au contraire, notablement exaltée.

Je résume ce qui vient d'être dit en cette formule, qui fait pendant à celle à laquelle nous avaient conduit les observations faites sur la Sensitive A : l'éclairement continu tend à immobiliser le pétiole primaire, à l'immobiliser *par en haut.*

3° INFLUENCE DE LA LUMIÈRE DIVERSEMENT COLORÉE.

Après avoir ainsi étudié l'influence de l'absence de lumière, de l'obscurité, je devais tout naturellement me demander quels sont, parmi les rayons dont l'ensemble constitue la lumière blanche, ceux dont la privation entraîne chez la Sensitive une perte si rapide de la sensibilité et même de la vie. Inversement, puisqu'une Sensitive rendue insensible et mourante par l'absence des rayons lumineux reprend la santé et les mouvements quand on la replace au jour, quels sont les rayons qui la rappellent ainsi à la vie? Sont-ce les rayons visibles ou les rayons invisibles? Dans le spectre étalé, sont-ce les rayons les plus calorifiques, ou ceux qui impressionnent le plus vivement notre rétine, les plus lumineux, ou enfin ceux qu'on a nommés rayons chimiques?

Les recherches récentes touchant l'influence de ces divers rayons sur la décomposition de l'acide carbonique par les plantes, sur la formation ou la destruction de la chlorophylle, etc., donnaient à cette étude un intérêt qui dépassait la simple histoire des mouvements de la Sensitive. Je me trouvais placé, dans ces expériences, au second des points de vue que j'ai indiqués au début de ce Mémoire; je considérais la Sensitive comme devant, à cause de sa susceptibilité si remarquable, déceler rapidement des influences qu'une longue période de temps

serait peut-être insuffisante à dévoiler en observant des végétaux ordinaires.

Dans ces études, deux méthodes peuvent être employées.
Dans l'une, on utilise les couleurs du spectre produit soit par
la lumière solaire, soit par des lumières artificielles. Cette
méthode a l'avantage d'employer des couleurs pures; mais
l'inégalité de la dispersion, l'étroitesse des champs diversement
colorés, la faible intensité de la lumière, constituent des inconvénients graves dans la pratique pour des expériences de longue
durée. L'autre méthode met en jeu des verres colorés ou des
liquides colorés; on peut ainsi fort aisément disposer des appareils vastes et peu coûteux, avec lesquels on exécute de longues
expériences; malheureusement, il n'est pas possible, excepté
pour le rouge, d'obtenir des couleurs franches, monochroma-
tiques ; toujours les verres ou les liquides se laissent traverser
par plusieurs couleurs, et les rayons qui passent dépendent de
l'intensité de la lumière, de l'épaisseur des verres et de la
concentration des liquides. On n'a donc point ainsi de couleurs
pures, et l'analyse à l'aide du prisme ou mieux du spectroscope ne donne que des indications assez insuffisantes, vu
l'influence si importante de l'intensité des rayons.

En outre, il devient en pratique à peu près impossible, par
cette méthode, d'étudier l'influence isolée des régions invisibles
du spectre.

Malgré ces graves inconvénients, j'ai dû donner la préférence
à cette dernière méthode ; les quelques essais que j'ai faits en
employant la première ne m'ayant rien fourni qui mérite d'être
rapporté.

J'ai fait construire des espèces de lanternes parallélipipé-
diques, mesurant 0^{m}32 de hauteur, sur 0^{m}19 de largeur et
profondeur. Dans ces lanternes, dont la charpente présente des
coulisses, peuvent être placés des verres colorés qu'il est facile
de changer. Des tubulures permettent à l'air de se renouveler,
et l'aspiration continue fournie par la trompe des Basques peut
y être facilement appliquée. Les conditions sont ainsi aussi
identiques que possible, et les différences que pourront présenter les plantes seront bien dues à la couleur différente des
verres.

L'une de ces lanternes fut garnie de vitres de verre ordinaire incolore; une seconde, de vitres noircies et parfaitement imperméables à la lumière; les autres reçurent des verres colorés.

Le verre rouge était parfaitement monochromatique, ne laissant passer, même sous l'influence d'une très vive lumière, que du rouge et un peu d'orangé. Le verre jaune était à la lumière d'un bec de gaz perméable à toute la région vert-jaune, orangé et même rouge du spectre. A travers le verre vert passaient seulement le vert et plus ou moins de bleu et de jaune, suivant l'intensité de la lumière. Avec une lumière vive, le spectre tout entier traversait les verres violet et bleu; mais si elle était médiocre, la région jaune était notablement affaiblie.

Comme impression optique d'intensité lumineuse, je dirai que le verre rouge était assez clair, le jaune notablement plus, le vert à peu près comme le rouge, le bleu très peu foncé, bien que peu éclairant, le violet notablement plus foncé. Ce vague dans les expressions me paraît commandé par les nécessités de la situation. En effet, au point de vue optique, la *clarté* d'un verre peut dépendre de deux choses : ou bien de la nature plus ou moins éclairante des rayons qu'il laisse passer, ou bien de la quantité même de ces rayons. Un verre bleu-clair sera moins éclairant qu'un verre jaune-clair, et plus qu'un verre jaune-foncé. De là, impossibilité de comparer avec exactitude les intensités lumineuses, que l'on considère soit la lumière même, soit l'ombre qu'elle peut déterminer : ceci a été une source singulière d'illusions pour certains botanistes, qui ont cru pouvoir utiliser la mesure de l'intensité lumineuse pour déterminer la valeur dynamique réelle de rayons diversement colorés.

Je commençai avec ces instruments ma première expérience sérieuse, le 1er juillet 1869. Devant une fenêtre s'ouvrant au levant, je disposai mes huit lanternes sur deux rangs; en avant se trouvaient celles dont les verres semblaient les plus sombres (rouge, vert, violet), les autres étaient au second rang. Les lanternes étaient, du reste, assez espacées pour ne pas se porter ombre réciproquement.

Dans chacune d'elles je plaçai, à 10h du soir, une Sensitive bien portante et vigoureuse, alors parfaitement endormie. Le lendemain, à 6ʰ du matin, je constatai que la Sensitive placée dans la lanterne à verres blancs (j'appellerai dorénavant, par abréviation, blanche, cette Sensitive, et j'appellerai rouge, verte, etc., les Sensitives placées dans les lanternes rouge, verte, etc...) s'était réveillée la première, ou, pour mieux dire, avait étalé la première ses folioles; presque aussitôt venait la Sensitive violette; notablement après, la verte et la jaune; plus tard encore, la noire.

Le 6 juillet, à 2ʰ du matin, toutes les Sensitives avaient leurs folioles fermées, sauf la noire; chez celle-ci, toutes les grandes feuilles étaient étalées et insensibles; il ne lui restait plus que cinq feuilles très jeunes fermées et sensibles. La verte était peu sensible; toutes les autres l'étaient beaucoup.

Le 7, à 10ʰ du matin, on retire la noire, complètement insensible et dont toutes les feuilles tombent. Le soir, la verte est tout à fait insensible, au pétiole comme aux folioles, qui sont demi-étalées; on la retire aussi. Toutes les autres sont parfaitement sensibles.

Le 10, la verte, qui a été remise au soleil, commence à redevenir sensible; les autres sont très bien.

Le 15, la bleue et la violette sont évidemment moins sensibles que la rouge et la jaune. On met fin à l'expérience.

Elle nous a donné, comme on voit, ce résultat curieux que, dans la lanterne verte, la Sensitive a perdu sa sensibilité presque aussi vite que dans la lanterne noire, que le vert, en un mot, s'est comporté presque comme l'obscurité. Sont venus ensuite, mais fort loin après, les verres bleus et violets.

Ce n'est pas tout : dès le lendemain du début de l'expérience, les Sensitives bleue et violette, d'une part, rouge et jaune, d'autre part, ont présenté dans leur aspect une différence très remarquable. Les premières, en effet, avaient leurs folioles étalées, leurs pétioles primaires dirigés environ suivant l'horizontale; chez les autres, au contraire, les folioles étaient demi-fermées, les pétioles redressés comme pendant l'érection nocturne des feuilles.

Ces résultats étaient trop intéressants pour ne pas nécessiter de nouvelles expériences.

Le 10 août, à 4ʰ du soir, je place une Sensitive éveillée dans chacune de mes lanternes; les choses sont disposées comme dans l'expérience précédente. Les Sensitives noire, violette, verte et bleue, sont plus jeunes et plus vigoureuses que les Sensitives rouge, jaune et blanche, placées, à cause de cela, dans les couleurs les plus favorables.

Dès le premier soir, il est manifeste que la violette garde plus longtemps que les autres ses folioles étalées.

Le lendemain soir, la chose est encore plus notable, et en laissant de côté la noire, on voit, à 5ʰ 15ᵐ, que la Sensitive dont les folioles sont les plus fermées (elles le sont complètement) est la jaune; viennent ensuite la rouge, puis la verte, puis la blanche, puis la bleue, et enfin la violette, où elles sont presque entièrement étalées. A 6ʰ, la violette seule est encore ouverte, et un peu la bleue.

On ajoute dans chaque lanterne une très petite Sensitive.

Le 13 août, on remarque beaucoup combien la jaune et la rouge ont leurs pétioles dressés, avec leurs folioles demi-fermées; chez la blanche, la bleue, et surtout la violette, les folioles sont étalées, les pétioles plus inclinés sur l'horizon.

Le 15, les noires sont complètement insensibles aux folioles et aux pétioles; les vertes ont leurs folioles renversées un peu par en bas, presque insensibles; les pétioles sont encore sensibles.

Le 18, les vertes, avec leurs folioles étalées, sont toutes deux complètement insensibles; on les retire. Les rouges et les jaunes ont toujours une physionomie très différente de celle des violettes et des bleues.

Cette expérience, faite pour ainsi dire en double, concordait donc parfaitement, dans ses résultats, avec l'expérience précédente. Cependant, je ne me tins pas pour complètement convaincu. En effet, les Sensitives sur lesquelles j'avais expérimenté avaient été tout simplement achetées au marché, et, malgré l'invraisemblance d'une coïncidence aussi complète, il aurait pu se faire que les différences constatées fussent des faits accidentels.

Il fallait, pour mettre l'expérience au-dessus de toute objection, que mes plantes fussent toutes du même âge et aussi semblables que possible. Malheureusement, je dus à cette époque quitter Paris, et, à mon retour en automne, il n'était plus possible de garder des Sensitives chez soi, dans de bonnes conditions pour l'observation de tous les instants; une serre chaude était indispensable.

Grâce à la complaisance de mon collègue et ami, M. le professeur Baillon, je pus disposer mes appareils dans la serre-chaude de la Faculté de Médecine. Le jardinier, M. Guillaumin, qui m'a aidé dans ces expériences avec un zèle pour lequel je lui adresse tous mes remercîments, fit, en septembre, un nombreux semis de Sensitives. Au mois d'octobre, il en dépiqua un bon nombre, de taille à peu près égale, pour les placer, cinq par cinq, dans des pots.

Le 12 octobre, à 7ʰ du matin, m'étant assuré que toutes mes petites plantes (elles avaient environ 0ᵐ06 de haut) étaient parfaitement reprises, je plaçai un des pots, avec cinq Sensitives, dans chacune de mes six lanternes : blanche, violette, bleue, verte, jaune et rouge; dans la noire, on en place un plus grand nombre.

Le 19, les noires sont peu sensibles; les autres sont en parfait état.

Le 24, les noires sont mourantes; les vertes tout à fait insensibles; les autres, non. On met dans la lanterne bleue une des Sensitives noires devenue insensible.

Le 28, les vertes sont mourantes; on les enlève. La Sensitive noire qu'on avait placée dans le bleu est redevenue sensible. On remarque que les Sensitives blanches ont beaucoup grandi, les rouges moins, les autres très peu; mais toutes sont bien vertes et très sensibles, bien que présentant les différences d'aspect dont il a été question dans les expériences précédentes.

On place dans la lanterne verte [le pot contenant les cinq Sensitives blanches.

Le 5 novembre, ces nouvelles Sensitives vertes sont très peu sensibles et seulement aux folioles; le 9, il n'y a plus, sur les cinq plantes, que trois feuilles à folioles encore un peu sensibles, les autres étant mortes. Le 14, toutes les feuilles et même les petites plantes sont mortes.

Les autres Sensitives se portent très bien; elles sont toutes bien sensibles, surtout, ce semble, les violettes et les bleues.

Le 19 décembre, il en est de même; mais la différence de développement s'est beaucoup accentuée. Les Sensitives rouges et jaunes ont à peu près doublé de hauteur; elles ont poussé de nouvelles feuilles, bien vertes pour les rouges, un peu moins pour les jaunes; on remarque que les tiges de celles-ci sont d'une gracilité extraordinaire. Les Sensitives bleues et violettes ont peu ou point grandi, et je ne crois pas qu'elles aient gagné de nouvelles feuilles; dans tous les cas, elles sont parfaitement vertes. Les violettes semblent un peu malades; elles sont cependant sensibles.

Le 14 janvier 1870, les Sensitives violettes sont mortes, sauf une, qui n'a plus qu'une feuille; les bleues, rouges et jaunes sont parfaitement sensibles; les rouges et les jaunes ont presque triplé de hauteur; les bleues sont restées au même point.

A la fin de janvier, un accident met fin à cette expérience; je n'ai donc pu savoir lesquelles de ces Sensitives auraient le plus longtemps vécu; mais tout me porte à croire que les bleues auraient les premières péri, et, selon le jardinier, elles étaient mortes lorsque est arrivé l'accident.

Si maintenant nous cherchons, à l'aide de ces expériences, à répondre aux deux questions posées en tête de ce paragraphe, nous voyons d'abord que la seconde n'a pas été abordée; nous avons bien constaté qu'une Sensitive devenue insensible dans l'obscurité avait repris sa sensibilité dans la lanterne bleue; mais le verre bleu était trop perméable aux divers rayons pour qu'on puisse attribuer véritablement à la lumière bleue cet effet réparateur. Il y a là un sujet d'expériences à entreprendre dans la campagne prochaine.

Pour la première question, nous ne pouvons non plus donner de réponse bien précise. En effet, mes Sensitives sont restées pendant des mois entiers parfaitement sensibles dans des lanternes violette, bleue, jaune et rouge.

Nous pouvons conclure de là, d'abord, que le rayon rouge leur suffit, puisque notre verre rouge était monochromatique. Maintenant, leur est-il nécessaire? Il nous est impossible de répondre, car tous nos verres se laissaient traverser par le rouge. A bien plus forte raison ne pouvons-nous rien dire des rayons jaunes, bleus ou violets, puisqu'ils étaient toujours accompagnés du rayon rouge. Le fait que la croissance de la plante a été d'autant plus active que la lumière contenait plus de rouge, donne cependant à penser que c'est la région du spectre à vibrations lentes qui joue, pour les Sensitives au moins, le rôle prépondérant. Pour pouvoir répondre d'une manière définitive, il faudrait employer un verre violet ou une liqueur violette qui ne laisse point passer de rouge; la dissolution d'iode dans le sulfure de carbone répond à cette condition; j'essaierai, malgré les difficultés de son emploi, d'utiliser sa remarquable propriété.

Mais si nos expériences n'ont point satisfait aux problèmes que nous nous sommes proposé de résoudre en les instituant, elles nous ont permis de découvrir un fait peut-être plus intéressant encore. Je veux parler de l'action spéciale de la lumière verte sur la sensibilité et la vie des Sensitives.

Cette lumière, en effet, agit comme l'obscurité, bien qu'un peu plus lentement. Dans les deux premières expériences, en effet, les trois Sensitives noires sont devenues insensibles en trois et quatre jours, les trois vertes en six, sept et huit jours. Dans la troisième série, les cinq Sensitives noires sont devenues insensibles en neuf jours, et sont mortes en treize jours; les dix vertes ont perdu la sensibilité en treize jours, la vie en dix-sept. On remarquera, avant d'aller plus loin, la différence entre ces derniers chiffres et ceux des séries précédentes. C'est que l'expérience était faite, pour celle-ci, en plein été; pour l'autre à la fin de l'automne, et les Sensitives, bien que placées en serre chaude, se ralentissaient dans leur activité; l'état d'hibernation les rapprochait des végétaux ordinaires.

Peut-être la survie un peu plus longue dans la lumière verte que dans l'obscurité tient-elle à ce que mon verre vert laissait passer un peu de jaune et un peu de bleu. Mais, sans faire d'hypothèses, nous pouvons affirmer que l'influence isolée de cette région du spectre est tout à fait incapable d'entretenir la vie des Sensitives.

Je ne crois pas qu'il soit possible de penser que cette action mortelle du rayon vert est une action directement toxique, et que ce rayon tue véritablement les Sensitives. Il faut considérer comme certain qu'il les laisse périr seulement parce qu'il est insuffisant, et c'est pour cela que je dis : la lumière verte agit comme l'obscurité. La question se pose maintenant de savoir si la mort arrive par suppression de la région rouge ou de la région violette du spectre. Mais nous avons vu qu'il n'était pas possible de répondre à cette question, tant que des expériences n'auront pas été faites avec la dissolution d'iode dans le sulfure de carbone ou quelque autre substance éliminant complètement les rayons rouges.

Quand on envisage ce fait curieux à un autre point de vue, il semble perdre de son étrangeté. En effet, les feuilles de Sensitive sont vertes par réflexion et par transparence; pourquoi sont-elles vertes? C'est que, des divers rayons apportés par la lumière blanche, elles utilisent tout, sauf les rayons verts. Ceux-ci sont donc pour elles inutiles, et ne leur fournir que ces rayons, c'est ne leur rien fournir, c'est les mettre dans l'obscurité.

Ce raisonnement paraît spécieux; mais la chose est plus compliquée qu'elle n'en a l'air. Il est bien vrai, comme l'a montré J. Sachs, que la lumière qui a traversé une dissolution alcoolique de chlorophylle, ce qui a pour résultat de décolorer celle-ci, ne peut plus décolorer une autre dissolution placée derrière la première. Mais Sachs a vu aussi que cette lumière verte est encore susceptible de faire reverdir les plantes étiolées élevées dans l'obscurité. Elle n'est donc pas absolument inutile à la plante. D'autre part, ce serait une grande erreur de croire que la chlorophylle absorbe tous les rayons sauf les rayons verts. On sait, depuis les recherches de Stokes, que si l'on fait traverser une dissolution alcoolique de chlorophylle par un rayon de soleil qu'on analyse ensuite à l'aide du spectroscope, on aperçoit des bandes d'absorption qui recouvrent bien le bleu et le violet, mais laissent passer beaucoup de rouge et de jaune, et inversement interceptent une partie du vert.

Cependant, je me propose, l'année prochaine, d'élever des Sensitives dans des enceintes où ne pénétrera que de la lumière ayant traversé une dissolution de chlorophylle de Sensitive même; en évitant les rayons directs du soleil, une semblable dissolution peut servir plusieurs jours. Je veux aller plus loin.

Le malaise éprouvé par la Sensitive placée dans la lumière
verte ne doit pas être spécial à cette plante; il est vraisemblable que les autres plantes vertes doivent l'éprouver, mais
non au même degré, non avec une aussi soudaine manifestation. Il faudra donc faire des expériences dans lesquelles des
plantes appartenant à différents groupes de Phanérogames et
de Cryptogames seront, pendant une saison entière, soumises
à l'influence de la couleur verte.

Peut-être trouvera-t-on dans cette action remarquable l'explication de ce fait que les hautes futaies, quand elles ne présentent pas de clairière, ne laissent pousser sous leur abri presque
aucune plante phanérogame. Et cependant sous cet abri l'air
se renouvelle assez, et la lumière est suffisamment intense ([1]).
Mais cette lumière est verte. Quant aux plantes vertes qui
poussent dans ces conditions, on trouvera peut-être, ou bien
que ce sont des Cryptogames, lesquelles peuvent, d'après les
expériences de Sachs, pousser vertes même dans l'obscurité,
ou bien que ce sont des Phanérogames dont la couleur verte
diffère beaucoup, à l'inspection spectroscopique, du vert de la
forêt même. Notez qu'il faut éliminer les plantes qui se développent à la fin de l'hiver, avant que la forêt ait poussé ses
nouvelles feuilles, et végètent ensuite, sans grandir, pendant le
reste de l'année.

D'autres expériences consisteraient à prendre des plantes
rouges n'ayant que très peu de chlorophylle, comme certaines
variétés purpurines d'Achyranthes, et à les élever sous des
verres colorés en rouge.

Si l'interprétation ci-dessus donnée du phénomène en question est exacte, il devra arriver que toutes les plantes mourront
quand on les éclairera uniquement avec de la lumière ayant

([1]) Je trouve, ceci étant rédigé, cette idée exprimée à la fin de la note dans
laquelle M. Cailletet (Voyez *Journal de l'Anatomie et de la Physiologie de
l'Homme et des Animaux*, par Robin; 1868, t. V, p. 103.) a montré que sous
l'influence de la lumière verte, les plantes vertes ne décomposent pas l'acide
carbonique : note à laquelle, je dois l'avouer, je n'avais pas attaché d'abord
tout l'intérêt qu'elle mérite, à cause des contradictions qu'elle semblait présenter avec les travaux si exacts de Cloëz et Gratiolet. (Voyez *Ann. de Chimie
et de Physique*, 3e série, t. XXXII.)

traversé une dissolution de leur propre chlorophylle. Il y a là, comme on le voit, un vaste champ d'expériences.

Nous restreignant maintenant à ce que nous ont appris nos expériences, nous dirons que :

1° Les rayons bleus et violets ont pour action d'étaler les folioles de la Sensitive et d'abaisser ses pétioles primaires ; les rayons jaunes et rouges, au contraire, font redresser les pétioles et ferment à demi les folioles.

2° Dans les rayons bleus et violets, la Sensitive s'endort, c'est à dire ferme ses folioles plus tard, et se réveille plus tôt que dans les rayons rouges et jaunes. Ce fait avait été déjà, je l'ai appris depuis mes expériences, constaté par Hoffmann.

3° La croissance des Sensitives se fait beaucoup plus vite dans les rayons rouges et jaunes que dans les rayons bleus et violets ; la sensibilité paraît finir par se perdre dans ceux-ci.

4° Les rayons rouges, à eux seuls, suffisent pour entretenir la vie de la Sensitive ; mais il n'est pas prouvé qu'ils lui soient indispensables.

5° La région verte du spectre agit sur la Sensitive comme l'obscurité.

Influence de divers rayons colorés sur la réouverture spontanée des folioles fermées. — J'avais remarqué que si l'on fait, par une excitation, fermer les folioles d'une feuille, et que la soirée soit déjà avancée, ces folioles ne se rouvrent que le lendemain matin ; les autres feuilles de la même plante peuvent cependant encore rester deux ou trois heures à l'état diurne. On peut ainsi, pour les folioles, avancer la période nocturne, sans rien changer cependant à l'intensité de l'éclairage.

Il en est de même pour une Sensitive que l'on place dans l'obscurité après avoir fait abaisser ses folioles ; celles-ci se rouvrent beaucoup plus tard que si la plante était à la lumière.

Les feuilles séparées se conduisent de même, et ceci m'a permis de chercher plus commodément quels sont les rayons dont la privation retarde ainsi la réouverture des folioles.

I. 18 juillet 1869. — Je coupe, sur une Sensitive, deux feuilles adultes, ayant la même longueur, et toutes semblables ; chacune d'elles porte quatre pétioles secondaires, que je sépare

au milieu de leur renflement moteur, en leur laissant adhé-
rentes les espèces de petites stipules que l'on voit en ce point.

Immédiatement après (1ʰ 15ᵐ), je jette sur l'eau ces pétioles
secondaires, avec leurs folioles fermées, un par un, dans des
coupes de porcelaine recouvertes de verres colorés : il y en a
un blanc, un noir, un rouge, un bleu, un violet, un vert.

A 1ʰ 40ᵐ, les folioles des pétioles placés sous le verre blanc
(il y en a deux) et le verre violet sont complètement ouvertes ;
le pétiole bleu (j'emploie cette expression abréviative) est
à demi ouvert ; le vert, le rouge et le noir, au quart ouvert. A
1ʰ 45ᵐ, le bleu est complètement ouvert ; le vert et le rouge, à
demi ; le noir, au quart. A 2ʰ 5ᵐ, id. ; mais le rouge est un peu
plus ouvert que le vert. J'enlève les verres colorés ; à 2ʰ 50ᵐ,
toutes les folioles sont ouvertes.

A 3ʰ, je fais fermer, en les touchant, toutes les folioles. Pour
éviter l'objection tirée de la diversité des sujets en expérience,
j'opère quelques changements. Je place sous le verre noir le
pétiole primitivement placé sous le verre violet, et l'un de ceux
du verre blanc ; je mets l'autre blanc dans le rouge, le noir
dans le violet, le vert dans le blanc.

A 3ʰ 15ᵐ, le blanc et le violet sont ouverts, les autres non.
A 5ʰ, il en est encore ainsi ; je fais refermer le blanc et le violet ;
à 5ʰ 15ᵐ, ils sont à demi ouverts, tous les autres étant restés
fermés. Le lendemain, à 8ʰ du matin, les folioles sont partout
ouvertes, excepté sous le verre noir.

II. — Le 25 juillet, je recommence l'expérience, en adjoignant
un verre jaune. Même procédé. On débute à 1ʰ 45ᵐ. A 2ʰ, le
blanc, le violet, le bleu, sont demi ouverts, le violet en tête ;
le jaune, un peu moins ; le vert et le rouge, à peine ; le noir, pas
du tout.

A 2ʰ 10ᵐ, le plus ouvert est le violet.

A 2ʰ 30ᵐ, tout s'est refermé, sans cause apparente, hormis
le violet, qui se referme lui-même à 2ʰ 45ᵐ.

A 3ʰ 15ᵐ, le violet est rouvert, les autres sont restés fermés ;
à 4ʰ, il en est de même ; je touche le violet qui se referme.

J'opère alors un échange entre le vert et le violet. A 6ʰ, le
nouveau violet est largement ouvert, il est le seul. Il ne se
referme qu'à 6ʰ 30ᵐ.

Le lendemain matin, à 8ʰ, le blanc, le violet, le bleu, le jaune, sont ouverts; le rouge, le vert, le noir, sont fermés.

Comme mon verre violet laisse passer un certain nombre de rayons rouges, je fais un nouvel échange entre le violet et le rouge.

A 2ʰ après midi, le nouveau violet est ouvert, le nouveau rouge est resté fermé, ainsi que le vert et le noir.

III. 27 juillet. — Même expérience, même procédé. Les feuilles sont notablement plus jeunes que dans les deux cas précédents; elles se rouvriront donc moins rapidement. Début de l'expérience, 11ʰ 15ᵐ du matin : en peu de minutes, les folioles du verre blanc et celles du verre violet se rouvrent, puis se referment; celles du verre jaune exécutent, mais à un moindre degré, le double mouvement.

A 2ʰ, le pétiole violet et le blanc sont ouverts, un peu le bleu, les autres non. J'échange le blanc contre le rouge, le violet contre le vert.

A 4ʰ 30ᵐ, il n'y a d'ouvert que le nouveau blanc, le nouveau violet et le bleu; le jaune est demi ouvert, les autres sont fermés. Le lendemain, à 7ʰ du matin, le blanc, le violet, sont largement ouverts; le bleu, un peu moins; le jaune, à moitié; le vert et le rouge, au quart.

Il était inutile de multiplier des expériences aussi concordantes. Celles-ci établissent, en effet, très nettement, que mes différents verres colorés n'agissaient pas de même pour provoquer ou ralentir le mouvement de réouverture des folioles. Comme influence activante, ils peuvent être rangés dans la série décroissante suivante : violet, blanc, bleu, jaune, rouge, vert, noir. Si donc les folioles ne se rouvrent que très lentement à l'obscurité, c'est surtout parce qu'il leur manque les rayons bleus et violets du spectre.

Ces résultats me paraissent importants non seulement en eux-mêmes, mais au point de vue de la critique technique de mon procédé expérimental. En effet, ils montrent que les verres violets et bleus, bien que perméables à d'autres couleurs du spectre, et notamment au rouge, agissent cependant comme violet et comme bleu. Sans être en droit de négliger entièrement l'influence du rouge qui les traverse, nous pouvons considérer le résultat de leur influence comme représentant l'influence de la région du spectre à ondulations rapides. Par conséquent, en voyant nos sensitives placées dans les lanternes à verres bleus ou violets ne pas grandir, il nous est permis de penser que le rouge qui, nous l'avons vu, est suffisant, leur est également nécessaire, et que, peut-être, leur vie ne se prolonge dans ces lanternes que grâce aux rayons rouges qui en traversent les parois.

En un mot, nos verres sont bien dénommés par leur couleur, et nous pouvons nous en servir sans attribuer une grande importance aux rayons différemment colorés auxquels ils sont perméables.

4° EXPÉRIENCES DIVERSES.

Graphique du mouvement provoqué. — Il m'a paru intéressant d'enregistrer, à l'aide du cylindre tournant de Marey, les phases diverses que présentent l'abaissement et le relèvement de la feuille. Le procédé expérimental est des plus simples : on attache à un pétiole primaire un léger stylet, une soie de sanglier, qui peut aller marquer sa trace sur le papier enfumé qui entoure le cylindre. On s'arrange ensuite de manière à ce que le plan de mouvement de la feuille soit horizontal, et que le stylet soit tangent à la génératrice supérieure du cylindre. Dans ces conditions, on excite par un léger attouchement le pétiole qui s'abat, marquant sa trace à l'aide du stylet. Le cylindre tourne, et le pétiole, en se relevant, décrit une longue hélice dont les tours de spire se rapprochent de plus en plus. Quand on enlève le papier et qu'on l'étale sur un plan, ces tours de spire deviennent des lignes très légèrement obliques, de plus en plus voisines les unes des autres. C'est ce que montre le graphique de la fig. XI, page suivante.

Ce graphique représente les mouvements avec leur amplitude naturelle. Seulement, il faut se représenter qu'il a été découpé dans une bande de papier ayant 0^m42 de long, de telle sorte que les lignes à peu près horizontales qui expriment les phases du relèvement doivent être prolongées de manière à avoir la longueur de 42^c.

Le cylindre mettait une minute à opérer sa rotation; il en résulte que chacune des lignes représente une minute, et que la distance entre chacune d'elles, mesurée sur l'axe des ordonnées, indique le relèvement du style du pétiole pendant l'intervalle d'une minute.

Fig. XI.

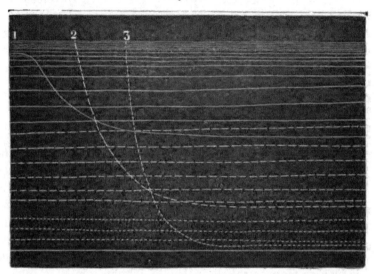

Graphiques de l'abaissement et du relèvement d'une feuille de Sensitive.

Trois mouvements successifs de la même feuille ont été enregistrés; le premier a été gravé en traits pleins, le second en pointillé, le troisième en petits traits juxtaposés. Pour le premier, le frottement du style sur le cylindre a notablement ralenti le mouvement et diminué l'amplitude de l'oscillation. La chute a été de 22^{mm}; elle s'est exécutée en 7^s environ (42^{cent} menés sur la ligne des abscisses valent 1^{min}), et la courbe ressemble un peu à une parabole. Pendant la 1re minute, le relèvement du style du pétiole a été environ de 4^{mm}; pendant la 2e, de $4^{mm}5$; la 3e, de 4^{mm}; la 4e, de 3^{mm}; la 5e, de 3^{mm}; la 6e, de 2^{mm}; la 7e, de $1^{mm}5$; la 8e, de 1^{mm}; la 9e, de $0^{mm}5$; puis de plus en plus faible. Après 14^m, les raies tracées par le style se confondaient.

Une heure après, excitation de la même feuille; frottement

moindre. Chute de 45^{mm} en 6^s; relèvements successifs : 1re minute, 1^{mm}5; 2e, 3^{mm}; 3e, 3^{mm}; 4e, 3^{mm}5; 5e, 4^{mm}; on cesse d'enregistrer, de peur de confusion.

Une heure après, troisième excitation; chute de 54^{mm} en 4e environ; relèvements successifs : 1re minute, 1^{mm}; 2e, 3^{mm}; 3e, 2^{mm}5.

Ces graphiques montrent donc, malgré leur imperfection, que l'abaissement de la feuille, au moins dans un plan horizontal, où il n'y a pas de complication de pesanteur, s'opère en un temps qu'on peut estimer et avec une vitesse qui n'est pas proportionnelle au temps. Pour le relèvement, il s'opère lentement pendant la première ou les premières minutes, s'accélère un peu, puis diminue graduellement. J'étudierai plus tard avec soin les détails de ces faits intéressants.

Il serait curieux de pouvoir inscrire sur un cylindre enregistreur les oscillations quotidiennes d'une feuille de Sensitive; j'y avais autrefois pensé, et les nouvelles recherches de M. Millardet me font encore plus désirer de mettre mon projet à exécution. Malheureusement, il est très difficile d'avoir un cylindre qui tourne avec une lenteur et une régularité suffisantes. J'espère cependant pouvoir utiliser cette année le cylindre qu'a fait établir M. le professeur Jamin, dans son laboratoire de la Sorbonne, pour l'enregistrement des oscillations du pendule de Foucault, et qu'il a mis à ma disposition avec sa bienveillance habituelle.

Excitation par l'électricité. — J'ai dit, dans mon premier Mémoire, que toutes les fois que j'avais pu, à l'aide d'un courant induit traversant un pétiole de Sensitive, obtenir quelque mouvement, soit de ce pétiole, soit des folioles, je trouvais, dès le lendemain, très malade ou même desséchée la partie qu'il avait traversée.

J'ai pu, depuis ce temps, faire abaisser plusieurs pétioles en soumettant, soit le renflement moteur, soit le pétiole lui-même, à l'action du courant induit, sans que pour cela les feuilles en aient souffert. Mais, dans ces cas, j'avais soin de mouiller les points où les réophores devaient être appliqués.

Ordre de succession des mouvements provoqués. — Si l'on

excite. l'extrémité d'un pétiole secondaire en coupant une de ses folioles terminales, on voit s'exécuter dans ce pétiole, dans les folioles des autres pétioles secondaires, dans le pétiole primaire, des mouvements que tous les auteurs ont décrits. Mais la succession de ces mouvements n'a pas été indiquée avec assez de soin. La description donnée par de Candolle (¹) est même tout à fait erronée. Voici comment les choses se passent quand la plante est bien portante.

Appelons a et b les pétioles secondaires d'un côté, a' et b' ceux qui leur font face sur le côté opposé d'un même pétiole commun. Si on coupe le pétiole a ou quelqu'une de ses folioles, on voit d'abord se fermer les folioles de a, puis tomber le pétiole commun, puis se fermer les folioles de a' ou de b, puis après celles de b', et enfin les pétioles secondaires se rapprocher les uns des autres.

Voici quelques chiffres qui précisent cette description.

I. 5 juillet. — On coupe les deux folioles terminales du pétiole secondaire a; en 4ᵉ, toutes les folioles de a se ferment; après 28ᵉ, le pétiole primaire tombe; a' et b ferment ensemble, de bas en haut, leurs folioles de 32 à 40ᵉ; b' se ferme de 51 à 58ᵉ.

II. 5 juillet. — Même opération sur une autre feuille; a semble insensible pendant 10ᵉ, puis commence à se fermer de 10 à 22ᵉ; le pétiole primaire tombe à 33ᵉ; b commence à se fermer à 40ᵉ, a' à 55ᵉ; b' ne bouge pas.

III. 6 juillet. — Même opération, autre feuille; les folioles de a se ferment rapidement; le pétiole primaire tombe à 20ᵉ; b se ferme de 22 à 35ᵉ; a' et b', de 35 à 45ᵉ.

6 juillet. — Même opération, autre feuille; a se ferme en 5ᵉ; le pétiole primaire tombe à 16ᵉ; de 20 à 30ᵉ, a' et b se ferment; de 47 à 53ᵉ, b'.

J'ai cependant vu quelquefois interversion dans l'ordre suivant lequel les pétioles secondaires ferment leurs folioles; mais toujours le pétiole primaire tombe avant que le mouvement de ces folioles ait commencé. Exemple :

IV. 18 juillet. — On coupe une foliole au pétiole secondaire a; les autres folioles se ferment de 2 à 5ᵉ; à 30ᵉ, le pétiole pri-

---

(¹) *Physiologie végétale*, p. 864.

maire s'abaisse; à 33ˢ commencent à se relever les folioles
de *a;* à 57ˢ, celles de *b;* à 1ᵐ15ˢ, celles de *b'*.

Quant à l'ordre de chute des autres feuilles de la même tige,
elle présente une irrégularité qui défie toute formule; d'ordinaire, cependant. les feuilles situées plus haut sur la tige
s'abaissent, à distance égale de la feuille excitée, avant les
feuilles inférieures. Mais c'est à peu près tout ce qu'il est
possible de dire.

Vitesse de la transmission. — Dutrochet croyait avoir déter-
miné la vitesse de transmission des excitations, et lui donnait
pour valeur : dans les pétioles, 8 à 15ᵐᵐ par seconde; dans la
tige, 2 à 3ᵐᵐ au plus.

. Mais sa méthode de recherches était des plus défectueuses.
Voici, en effet, comment il procédait. Il coupait, par exemple,
le pétiole primaire d'une feuille qui s'inclinait aussitôt; bientôt,
le pétiole de la feuille situé au-dessous s'abaissait. Rapprochant
alors la distance des feuilles et le temps qui s'était écoulé
entre leur ébranlement, Dutrochet en concluait la vitesse de la
propagation de l'excitation.

- Mais la rapidité de l'abaissement d'une feuille dépend non
seulement de cette propagation, mais de l'excitabilité de son
renflement moteur; c'est pour cela que, parfois, des feuilles
éloignées s'abaissent avant des feuilles voisines. En supposant
même tous les renflements également excitables, il est certain
que l'excitation perd de sa force à mesure que son point
d'origine est plus éloigné; d'où il suit que le temps nécessaire pour déterminer et pour exécuter le mouvement propre
du renflement ne sera pas partout le même, et la méthode
de Dutrochet suppose nécessairement qu'il sera partout le
même.

Les résultats de cette méthode sont tellement erronés que
j'ai vu, en moins de 5ˢ s'abaisser une feuille située à 70ᵐᵐ du
point de la tige où l'excitation avait été portée; en supposant
même nul le temps nécessaire à l'action du renflement, on voit
que la vitesse de propagation avait été, dans ce cas, dans la

tige, de $\dfrac{70}{5} = 14^{mm}$ à la seconde; il est vrai que l'excitation avait été très forte, puisqu'il s'agissait de la section même de la tige.

Il paraît beaucoup plus exact de mesurer cette rapidité de transmission comme on a mesuré chez les animaux celle de la transmission dans les nerfs moteurs. La méthode employée pour la première fois par Helmholtz est celle-ci : on excite un nerf moteur dans un point éloigné du muscle, et celui-ci se contracte après un certain temps; on recommence l'excitation, mais cette fois tout près du muscle : nouvelle contraction après un temps plus rapide. La différence des temps mesure évidemment la durée de la transmission entre les deux points successivement excités du nerf; de là se déduit aisément la vitesse.

Appliquons cette méthode à la Sensitive; déterminons, par la section de la première foliole d'un pétiole secondaire, l'abaissement du pétiole primaire, qui se fera en un temps t; après quelques heures de repos, sectionnons la dernière foliole de ce même pétiole, la chute de la feuille se fera en un autre temps t', toujours plus court que t. La valeur $t — t'$ mesurera évidemment le temps nécessaire pour que l'excitation ait parcouru la distance d, qui sépare la première de la dernière foliole; l'expression $v = \dfrac{d}{t — t'}$ nous donnera donc la vitesse.

Or, voici les résultats de quelques expériences :

I. 6 juillet, 24°. — 1re section à 6h du soir; 2e, à 9h du soir; $t = 20^s$; $t' = 4^s$; $d = 37^{mm}$; donc $v = \dfrac{37}{20 — 4} = 2^{mm}3$.

II. 6 juillet. — 1re section à 6h 10m du soir; 2e, à 9h 10m du soir; $v = \dfrac{36}{16 — 3,5} = 2^{mm}8$.

III. 6 juillet. — 1re section à 9h 20m du soir; 2e, à 10h 15m du soir; $v = \dfrac{23}{11 — 2,5} = 2^{mm}7$.

IV. 6 juillet. — 1re section à 9h 30m du soir; 2e, à 10h 25m du soir; $v = \dfrac{38}{23 — 4} = 2^{mm}$.

V. 9 juillet. — 1re section à 9^h du soir; 2e, à 9^h 45^m du soir;
$$v = \frac{30}{18,5 - 5} = 2^{mm}2.$$

VI. 10 juillet, 24°. — 1re section à 5^h 45^m du soir; 2e, à 8^h 15^m;
$$v = \frac{32}{18 - 8} = 3^{mm}2.$$

VII. 18 juillet, 25°. — 1re section à 9^h du matin; 2e, à 4^h du soir; $v = \dfrac{37}{28 - 11} = 2^{mm}2.$

VIII. 18 juillet; vieille feuille peu sensible. — 1re section à 9^h 10^m du matin; 2e, à 4^h du soir; $v = \dfrac{26}{32 - 20} = 2^{mm}1.$

IX. — 1re section, le 18 juillet, à 1^h du soir; 2e, le 19 juillet, à 2^h du soir; $v = \dfrac{40}{20 - 11} = 4^{mm}4.$

X. — 1re section, le 18 juillet, à 1^h du soir; 2e, le 19, à 2^h du soir; $v = \dfrac{45}{22 - 13} = 5^{mm}.$

On a donc trouvé dans ces expériences, que la vitesse de propagation de l'excitation a varié de 2^{mm} à 5^{mm} par seconde. Ces chiffres sont, on le voit, bien différents de ceux de Dutrochet.

Cette méthode contient, du reste, une cause d'erreur que je dois signaler; c'est que des sections successives de pétioles secondaires ont pour effet de ralentir la chute du pétiole primaire. En voici un exemple : On coupe successivement à 3^h 30^m, 4^h 25^m, 5^h 45^m, 6^h 50^m, l'extrémité des quatre pétioles secondaires d'une feuille; le pétiole s'abaisse successivement en 10^s, 11^s, 18^s, 26^s; la feuille voisine est tombée d'abord à 1^m 5^s, puis à 1^m 12^s, à 1^m 40^s, et à la quatrième excitation est demeurée immobile. Or, les mesures ci-dessus rapportées ont été prises en excitant d'abord la foliole la plus éloignée, puis la plus rapprochée. Il faut les comparer avec celles qu'on obtiendra en suivant une voie exactement inverse.

C'est ce qui a été fait dans les expériences suivantes :

XI. — 1re section à 8^h 45^m du matin; 2e, à midi 45^m;

$$v = \frac{30}{26 - 18} = 3^{mm}7.$$

XII. — 1re section à 8^h 48^m du matin; 2e, à midi 48^m;

$$v = \frac{26}{30 - 24} = 4^{mm}3.$$

XIII. — 1re section à 8^h 50^m du matin; 2e, à midi 50^m;

$$v = \frac{25}{26 - 20} = 4^{mm}1.$$

Ces chiffres, on le voit, ne diffèrent pas notablement de ceux qui ont été indiqués plus haut. Ils prouvent que les résultats acceptés par tout le monde depuis les travaux de Dutrochet ne peuvent plus être admis.

La même méthode pourrait être appliquée au pétiole primaire; deux sections successives étant faites, l'une à l'extrémité, l'autre près du renflement moteur, la même formule $v = \dfrac{d}{l' - t}$ nous donnerait la vitesse. Malheureusement, il est très difficile de couper le pétiole primaire près du renflement sans ébranler directement celui-ci; aussi les expériences donnent-elles des chiffres très différents les uns des autres, et sur lesquels on ne peut compter.

Sur le mode d'action de la moitié inférieure du renflement. J'ai répété un assez grand nombre de fois une expérience déjà indiquée dans mon premier Mémoire ([1]), et qui est importante pour déterminer si la moitié inférieure du renflement, laquelle, nous l'avons vu, est le siége du mouvement provoqué, agit par contractilité, à la façon d'un muscle, ou d'une autre manière.

Cette expérience consiste à faire, avec un scalpel fin, dans cette moitié, des sections parallèles allant jusqu'au faisceau fibro-vasculaire sans l'entamer (fig. XII, A), ou même à enlever

([1]) Voir ci-dessus, p. 26.

de petits fragments de ce ressort inférieur (fig. XII, B). Or, dans ces conditions, le pétiole exécute encore des mouvements sous l'influence des excitations.

Fig. XII.

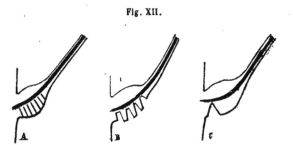

Opérations pratiquées sur le renflement moteur d'une Sensitive.

Exemple : 3 août. Les feuilles intactes décrivent, par suite de l'excitation, des angles de 65° (140—75) pour la feuille A, de 60° (130—70) pour la feuille B. On fait les opérations ci-dessus décrites. Le surlendemain, les angles de chute sont : pour A de 60° (145—85), pour B de 10° (125—115). Dans une troisième feuille, à la base du renflement inférieur de laquelle avait été seulement pratiquée une encoche triangulaire profonde, (fig. XII, C) l'angle de mouvement était encore de 30° (90—60).

Tout ceci montre évidemment qu'il n'y a là aucune substance analogue à la substance musculaire, contractile et prenant point d'appui sur la tige; chacune des parties du renflement agit pour son propre compte. Mais l'interprétation de son action intime, pour être débarrassée d'une solution fausse, n'en est pas moins difficile.

Mouvements des feuilles submergées. — Lorsqu'on maintient sous l'eau une feuille de Sensitive, elle n'en continue pas moins, pendant plusieurs jours ou même plusieurs semaines [1], à ouvrir ou à fermer régulièrement ses folioles, et même à être sensible aux excitations. Ce fait m'a paru très intéressant et digne d'être étudié de près.

En effet, nous avons vu que les mouvements spontanés de

[1] Fée. — Deuxième Mémoire sur les plantes dites sommeillantes. (*Bull. Soc. Bot. de France;* séance du 13 juillet 1858; p. 13 du tirage à part.)

la Sensitive sont dus à des modifications dans la quantité d'eau qui gonfle, aux divers moments du jour et de la nuit, la partie supérieure ou la partie inférieure de ses renflements moteurs. On peut se reporter aux expériences ([1]) dans lesquelles je faisais monter ou descendre un pétiole primaire, en plaçant sur une plaie de son renflement moteur alternativement une goutte d'eau, puis une goutte de glycérine. Comment donc se fait-il qu'une feuille plongée dans l'eau ne se sature pas, pour ainsi dire, de ce liquide, de manière à se maintenir dans un état d'équilibre qui exprime le maximum de la tension de ses renflements moteurs?

Voici d'abord les détails d'une expérience de début :

14 juillet, 4ʰ du soir. Je coupe deux feuilles de Sensitive et les place dans un vase de verre plein d'eau renversé sur l'eau. Elles ne rouvrent pas de la journée leurs folioles, et, le soir, je coupe leurs pétioles secondaires chacun en deux ou trois morceaux, et les replace sous l'eau.

Le 15 au matin, tout est ouvert; à plusieurs reprises je fais fermer les folioles, qui se rouvrent ensuite; le soir, elles se ferment. Mêmes phénomènes le 16 et le 17. Le 18, il y a encore quelques folioles sensibles; toutes se ferment le soir. Le 19, elles s'ouvrent le matin, se ferment le soir, mais ne sont plus sensibles.

Dans cette expérience, malgré le soin de couper en plusieurs fragments chacun des pétioles secondaires, l'eau se trouvait encore à une assez grande distance des renflements moteurs. Pour diminuer cette distance, j'ai modifié, comme il suit, le procédé opératoire.

27 juillet; 3ʰ du soir. — Je sépare en deux, suivant sa longueur, avec un scalpel bien tranchant, un pétiole secondaire, et j'ai ainsi deux rangées isolées de folioles. Je place sur l'eau chacune d'elles, à plat, en telle sorte que la surface de section touche le liquide; l'eau arrive donc presque immédiatement à la base des renflements moteurs. Je dispose ainsi quatre demi-pétioles; les folioles qui se sont fermées pendant l'opération s'ouvrent dans la journée, puis se referment le soir;

([1]) Voir ci-dessus, p. 32.

il en est de même le lendemain, et elles se rouvrent plusieurs
fois, après s'être plusieurs fois fermées à la suite d'excitations.

J'ai répété à plusieurs reprises ces expériences, toujours
avec le même résultat. Il reste donc établi que des renflements
moteurs intacts, mais placés dans les conditions où ils pour-
raient, par contact presque immédiat, se saturer d'eau, continuent à exécuter les oscillations quotidiennes, et demeurent
sensibles pendant plusieurs jours encore.

5° CONSÉQUENCES DES EXPÉRIENCES PRÉCÉDENTES.

Il nous est possible, je crois, en jetant un coup-d'œil général
sur les faits que nous venons d'énumérer, d'en tirer des induc-
tions sur la raison intime des mouvements de la Sensitive.

Mouvements spontanés. — Nous parlerons d'abord des mouvements spontanés, et il est très vraisemblable que ce que
nous dirons de la Sensitive devra s'appliquer à toutes les
plantes sommeillantes.

Les expériences de Brücke et les miennes ([1]) ont démontré
que les mouvements de l'oscillation diurne sont dus, pour ce
qui a rapport aux pétioles primaires, à des modifications dans
l'énergie des diverses parties du renflement moteur. En ne
considérant que la moitié supérieure et la moitié inférieure de
ce renflement, qui agissent comme deux ressorts antagonistes,
j'ai vu que la moitié supérieure augmente d'énergie un peu
avant la fin du jour et pendant la nuit tout entière, pour diminuer pendant toute la période diurne ; la moitié inférieure se
comporte de même, seulement l'augmentation de son énergie
débute un peu plus tard que pour l'autre, mais elle acquiert
bientôt une plus grande puissance, et il résulte de ces alternatives que le pétiole s'abaisse à l'entrée de la nuit pour se
relever énergiquement jusqu'au moment où reparaît le jour.

Tout tend à faire croire, et cette opinion qui me paraît très
probable est sans discussion acceptée en Allemagne, tout tend
à faire croire, dis-je, que ces variations d'énergie dans les
ressorts tiennent à des variations de même sens dans la quan-

([1]) Voyez ci-dessus, page 28.

tité d'eau que contiennent les renflements. En admettant ce
point de départ comme exact, *malgré le manque de preuves
directes,* il faut savoir, entre autres choses, dans quelles
conditions l'eau s'introduit ainsi dans ces renflements moteurs.

Les expériences dont il vient d'être question en dernier lieu,
sur les feuilles submergées, montrent que ces variations dans
la quantité d'eau dépendent de circonstances propres à la plante
même, et qu'elles persistent lors même qu'on la place dans
des conditions de saturation facile. En d'autres termes, la
quantité d'eau contenue dépend de la puissance avec laquelle
elle s'y trouve attirée et retenue, puissance qui doit varier par
suite de la formation ou de la destruction d'une substance
endosmotique dans les cellules du renflement.

L'eau arrive dans ces cellules, depuis la tige, soit de proche
en proche, soit par l'intermédiaire de l'axe fibro-vasculaire; ces
faits sont démontrés par les expériences où l'on voit les mouvements du pétiole persister, bien qu'affaiblis, soit lorsqu'on a
enlevé, avec la moitié supérieure du renflement, une partie de
l'axe vasculaire, soit lorsqu'on a intercepté la communication
entre le renflement et la tige par une profonde encoche, ou
surtout lorsqu'on a divisé ce renflement en plusieurs parties
distinctes, comme il a été dit ci-dessus.

Envisageons maintenant la manière dont se comportent les
pétioles pendant les alternatives régulières du jour et de la
nuit, ou pendant l'exposition à une lumière ou à une obscurité
continues. Nous sommes amenés à considérer cette matière
endosmotique comme se formant, ou du moins comme trou-
vant ses conditions de formation sous l'influence des rayons
lumineux, et se détruisant ou perdant ses conditions de formation pendant l'obscurité.

En effet, chez les Sensitives soumises à l'influence de
l'éclairage continu, les pétioles se montrent de plus en plus
dressés, et finissent par rester immobiles dans une direction
presque verticale; il est donc vraisemblable que la matière
susceptible d'attirer l'eau est formée et emmagasinée de plus
en plus dans le tissu cellulaire de leurs renflements. Réciproquement, nous avons vu, dans les Sensitives maintenues à
l'obscurité, les pétioles s'abaisser de plus en plus, et rester

enfin immobiles, inclinés notablement au-dessous de l'horizon; cela ne montre-t-il pas que la matière endosmotique qui existait dans leurs tissus s'est détruite, et qu'il ne s'en est point formé d'autre à l'abri des rayons lumineux?

L'observation de ce qui se passe dans l'état régulier des choses semble, à première vue, contradictoire avec notre hypothèse. En effet, c'est pendant la nuit que se fait l'exhaussement des pétioles et pendant le jour qu'ils s'abaissent. Mais remarquons d'abord que vers le soir, lors du rapide abaissement que tout le monde avait pris pour l'état nocturne, il y a déjà une notable augmentation de l'énergie des renflements moteurs; seulement, cette augmentation porte alors surtout sur la moitié supérieure dont la pression fait céder l'autre moitié, et force le tout à s'incliner.

Cette apparente contradiction peut cependant s'expliquer; il suffit pour cela de supposer que la matière endosmotique qui se forme sous l'influence des rayons lumineux, ne se forme que lentement, et n'acquiert qu'après une assez longue exposition à la lumière ses propriétés osmotiques.

Éclaircissons par un exemple le développement de notre hypothèse : supposons que la matière endosmotique qui se forme soit de la glycose provenant d'amidon préalablement formé. Prenons la plante à trois heures du matin : l'énergie du renflement moteur et, par suite, le redressement du pétiole sont à leur maximum. Il y a là une grande quantité de glycose saturée d'eau qui s'est formée aux dépens de l'amidon, mais il n'y a plus, ou du moins il n'y a que peu d'amidon. Si nous continuons à maintenir la plante dans l'obscurité, la glycose se détruira, bien que lentement, l'amidon ne se reformera pas à nouveau, le peu qui en reste ne se changera pas en glycose, et l'énergie du renflement moteur diminuera pour ne plus jamais augmenter; nous arriverons ainsi à l'immobilité *par en bas*. Si nous laissons les choses aller à l'état normal, la lumière solaire intervient, la glycose se détruira rapidement, et le pétiole s'abaissera plus vite que dans le premier cas (voir les graphiques); mais sous l'influence de la lumière solaire, il se formera de nouvel amidon, et celui-ci, une fois formé, engendrera de la glycose en épuisant toute l'eau libre du renflement. Nous

sommes alors à la fin du jour ; la glycose, qui se développe
rapidement, attire l'eau dans le renflement ; celui-ci se gonfle,
le pétiole se relève, l'ascension nocturne commence et conti-
nuera tant que la glycose ne sera point saturée d'eau. Que
si maintenant, troisième circonstance, nous éclairons d'une
manière continue notre plante, il s'y formera continuellement
de l'amidon ; celui-ci y donnera continuellement naissance à de
la glycose dont la déperdition sera ainsi compensée, et l'énergie
du renflement moteur, son redressement, atteindront et gar-
deront leurs plus hautes valeurs ; nous arriverons ainsi à
l'immobilité *par en haut.*

On voudra bien remarquer que l'exemple choisi pour expliquer notre hypothèse expose des résultats qui sont en rapport
avec les faits connus. On sait, en effet, d'une part, que, dans
les cellules végétales, l'amidon se forme sous l'influence de la
lumière et disparaît dans l'obscurité ; d'autre part, que l'amidon
dissous se transforme rapidement en glycose sous l'influence
de la lumière ; enfin que la glycose se détruit incessamment
dans les plantes en pleine activité de végétation, qui n'emma-
gasinent pas.

Mais ces rapprochements sont loin de démontrer qu'il s'agit
véritablement ici de glycose et d'amidon ; des expériences
spéciales devront être instituées dans le but de rechercher la
nature de cette matière endosmotique, si tant est qu'elle
existe.

En admettant encore son existence, nous dirons qu'elle ne
se forme guère que sous l'influence des rayons jaunes et
rouges. Nous avons vu, en effet, les Sensitives soumises à
ces couleurs redresser leurs pétioles avec plus d'énergie que
celles sur lesquelles agissait seulement la lumière blanche. Au
contraire, les Sensitives des lanternes à verres violets ou bleus
avaient leurs pétioles abaissés comme dans l'obscurité. Peut-
être n'est-il pas besoin, pour expliquer cette différence, d'attribuer aux rayons de ces différentes couleurs des propriétés
chimiques différentes. En effet, les recherches de Julius Sachs [1]

[1] *Ueber die Durchleutung des Pflanzentheile.* (*Sitz. bericht des K. K. Akad.
der Wiss.* Wien, 1860, t. XLIII).

ont montré que les rayons bleus et violets pénètrent très peu profondément dans les tissus végétaux, et les modifications chimiques des renflements pétiolaires se passent à des profondeurs non négligeables au-dessous d'une couche colorée en vert.

Je rappellerai enfin que les opérations chimiques dont est le théâtre un renflement pétiolaire sont de telle nature qu'elles consomment de la chaleur. Ceci rend probable qu'elles ne consistent pas en des oxydations, lesquelles le plus souvent dégagent de la chaleur, mais en des réductions, hydratations ou déshydratations.

Il serait inutile de chercher davantage par voie hypothétique. Mais il eût été important, au point de vue théorique, de savoir si le maximum de froid a lieu pendant le jour ou pendant la nuit : j'ai dit plus haut les obstacles qui m'ont empêché jusqu'ici de résoudre cette question.

Je remets à la campagne prochaine les études de vérification des hypothèses que j'ai ci-dessus émises. L'hypothèse est une arme précieuse, mais à deux tranchants. Dans le domaine des sciences expérimentales, il faut, je crois, renverser la maxime célèbre de Newton et l'accompagner d'un commentaire en disant : *Hypotheses fingo, sed in hypotheses, et in meas, non credo.*

Mouvements provoqués. — Les recherches que j'ai faites cette année me confirment dans cette idée que la raison intime des mouvements provoqués est toute différente de celle des mouvements spontanés. Millardet, dans son récent travail, n'a pas tenu grand compte de mon appréciation. Pour lui, comme pour les botanistes allemands, il n'y a entre ces deux ordres de mouvements qu'une différence du plus au moins, et je n'ai montré entre eux, dit-il, aucune différence essentielle.

Mais loin d'être embarrassé de trouver des différences, je cherche quelle ressemblance peuvent bien présenter ces mouvements. Passe pour le temps où l'on identifiait la description du sommeil de la feuille avec celle de sa chute provoquée. Mais encore savait-on, depuis Brücke, que dans la feuille en abaissement spontané l'énergie du renflement moteur avait augmenté, tandis qu'il avait diminué pendant le mouvement provoqué. Comment la soudaineté de celui-ci pourrait-elle être due à la même cause que la lenteur du mouvement spontané ? Comment

de l'eau en combinaison avec une substance endosmotique,
ou, pour ne rien préjuger, de l'eau contenue dans des cellules
à parois, pourrait-elle être soudain chassée de sa combinaison
et de sa cellule? Le caractère de ces mouvements dus au dépla-
cement des fluides, c'est la lenteur. De plus, nous avons vu que
la chute provoquée de la feuille est accompagnée de phénomènes
chimiques qui développent de la chaleur; ceux, au contraire,
qui déterminent les mouvements de l'oscillation quotidienne
sont consommateurs de calorique. Enfin, des feuilles complètement insensibles peuvent exécuter pendant quelques jours
encore des mouvements spontanés réguliers; j'ai montré dans
mon premier Mémoire que ceux-ci persistent après l'emploi de
l'éther, qui abolit complètement la sensibilité, et cela sans que
leur amplitude ait en aucune façon diminué (¹).

On objecte, il est vrai, que, d'ordinaire, l'amplitude et
l'énergie de ces deux ordres de mouvements varient simultanément; que, quand la Sensitive est très sensible, ses mouvements spontanés sont très étendus, et que, quand elle perd sa
sensibilité, leur manifestation est moindre. Nous venons de
voir un exemple qui concorde mal avec cette règle; l'inspection
des résultats fournis par la Sensitive soumise à l'éclairage
continu, et chez laquelle la sensibilité était exagérée, tandis
que les pétioles changeaient à peine de direction en vingt-
quatre heures, vient encore à l'encontre. Mais en admettant
qu'elle fût vraie, que prouverait-elle, sinon que la sensibilité
n'existe qu'à la condition d'une santé parfaite de la plante, et
qu'elle disparaît la première, lorsque les circonstances deviennent mauvaises, pour augmenter si elles sont favorables. De ce
que l'obscurité, le froid, diminuent à la fois et l'amplitude des
mouvements quotidiens et l'énergie des mouvements provoqués, conclure que ces mouvements ont une même raison
intime, c'est comme si l'on concluait à l'identité de l'élasticité
et de la contractilité dans le muscle, parce que ces deux
propriétés sont à la fois exaltées ou déprimées par un certain
nombre de circonstances.

Lorsqu'on admet, avec les Allemands, que la chute de la

(¹) Voyez ci-dessus, page 30.

feuille est due à une sortie de l'eau contenue dans la moitié inférieure du renflement, on se trouve dans une étrange perplexité. Où irait, en effet, cette eau? Dans la moitié supérieure? Mais le phénomène persiste alors même que cette moitié a été enlevée. Dans la tige? Mais on peut encore voir les mouvements dans des pétioles dont le renflement ne tient plus à la tige que par un mince lambeau; dans des folioles isolés avec un tout petit fragment de pétiole secondaire, sans que la plus minime goutte d'eau apparaisse à la face de section de la tige ou du pétiole. On parle d'un équilibre entre la tension des liquides dans le corps ligneux et celle qui existe dans les parois même du renflement moteur, et de la rupture que détermine dans cet équilibre l'ouverture, par une section, d'un vaisseau de la tige; dans cette circonstance, une goutte de liquide arrive à la plaie, et la feuille voisine s'abaisse, par suite, dit-on, de l'écoulement de l'eau contenue dans la moitié inférieure de son renflement pétiolaire, et de la diminution d'énergie qui en est la suite. Mais tout cela est plein d'impossibilités et de contradictions. Pourquoi, d'abord, la moitié supérieure du renflement ne se conduit-elle pas comme la moitié inférieure? Sa tension devrait semblablement et simultanément diminuer, et il n'en est rien. Ensuite, si la tige est coupée, il n'y a plus de tension liquide dans ses vaisseaux; comment se fait-il alors que les mouvements du pétiole voisin continuent? Et quel changement dans la tension de la tige ou du renflement peut exercer un simple et léger attouchement exercé sur ce renflement?

Enfin, et cette objection paraît dominer tout le reste, ne voit-on pas que l'idée de la sortie de l'eau non seulement est une hypothèse que rien ne justifie, mais encore n'explique absolument rien? Car le problème consisterait précisément à savoir comment il se fait que l'eau peut sortir et s'élancer, abandonnant ses combinaisons avec les substances intrà-cellulaires, à travers les parois de ces cellules pour aller on ne peut dire où.

Pour moi, tout me confirme dans cette opinion que le mouvement provoqué de la Sensitive tire son origine d'une de ces propriétés spéciales à la matière organisée vivante, comme l'est, dans le règne animal, la contractilité musculaire. Ce n'est pas ici, je l'ai démontré, de contractilité qu'il s'agit, mais de la propriété de perdre son énergie, de se détendre, qui existerait seulement, ou du moins qui aurait seulement été constatée, dans la moitié inférieure du renflement.

Il est utile de faire remarquer que cette propriété ne se manifeste que dans les conditions de santé parfaite de la plante, et qu'elle peut disparaître sans qu'aucun changement apparent de structure ait été observé dans la moitié inférieure du renflement; ceci explique en partie comment la moitié supérieure, qui paraît avoir la même structure, ne jouit pas, ou ne jouit qu'à un degré infiniment moindre, de la même propriété.

En résumé, je dirai :

1º Les mouvements provoqués de la Sensitive sont dus à la mise en jeu d'une propriété particulière de tissu, spéciale aux renflements moteurs; ils s'accompagnent d'une production de chaleur.

2º Les mouvements spontanés sont la conséquence de variations dans la quantité d'eau que contiennent les renflements moteurs. Ces variations sont en rapport avec la formation ou la destruction d'une substance endosmotique située dans les cellules de ces renflements. La lumière, spécialement par les rayons jaunes-rouges, détermine la production de cette substance, ou tout au moins des matériaux aux dépens desquels elle se forme; dans l'obscurité, cette substance et ces matériaux disparaissent. Toutes ces modifications chimiques sont accompagnées d'une absorption de chaleur telle que la température des renflements moteurs est toujours notablement inférieure à celle de la tige et de l'air ambiant.

Paris, 20 février 1870.

Bordeaux. — Imp. G. GOUNOUILHOU, rue Guiraude, 11.